Frank und Gundi Gaschler

Ich will verstehen,
was du wirklich brauchst

Frank und Gundi Gaschler

Ich will verstehen, was du wirklich brauchst

Gewaltfreie Kommunikation
mit Kindern
Das Projekt *Giraffentraum*

Mit einem Vorwort von
Marshall B. Rosenberg

Kösel

Hinweis:
»Giraffentraum®« ist eine auf Frank Gaschler eingetragene Schutzmarke.
Der besseren Lesbarkeit halber wurde im Text auf das Trademarkzeichen verzichtet.

Sollte diese Publikation Links auf Webseiten Dritter enthalten, so übernehmen wir für deren Inhalte keine Haftung, da wir uns diese nicht zu eigen machen, sondern lediglich auf deren Stand zum Zeitpunkt der Erstveröffentlichung verweisen.

MIX
Papier aus verantwortungsvollen Quellen
FSC® C013736

Verlagsgruppe Random House FSC® N001967

10. Auflage

Neumarkter Str. 28, 81673 München
Umschlag: fuchs_design, München
Umschlagmotiv: Julian Winslow/Corbis
Druck und Bindung: Kösel, Krugzell
Printed in Germany
ISBN 978-3-466-30756-2
www.koesel.de

Dieses Buch ist auch als E-Book erhältlich.

Für Elia und Marie

mit Dank für all die Erfahrungen mit euch,
die mir stets die Möglichkeit
zum Wachsen geben.
Ich wünsche mir Kraft und Mut,
euch darin zu unterstützen,
die »wundervollen« Menschen zu bleiben,
die ihr schon immer seid.

Inhalt

Vorwort von Marshall B. Rosenberg

Ich ging 21 Jahre lang zur Schule bzw. zur Universität und ich kann mich nicht erinnern, dass mich jemals jemand gefragt hätte, wie ich mich fühle oder was ich brauche. Stattdessen lehrten sie mich Dinge wie »richtig« und »falsch«, »gut« und »schlecht«, um in ein System zu passen, das Menschen anhand dieser Standards bewertet.

Ich empfehle das Projekt »Giraffentraum« ErzieherInnen, Lehrkräften, Eltern und Kindern als einen Weg, um uns gegenseitig zu helfen, das eine zu tun, was wir alle am liebsten tun:

das Leben der Menschen zu bereichern!

Marshall Rosenberg

Vorwort von Isolde Teschner

Wenn wir unseren Kindern vorleben,
wie sie für sich sorgen,
ohne andere zu verletzen,
lernen sie alles,
was sie zum Leben brauchen.

Dieser Gedanke zieht sich wie ein roter Faden durch das Konzept »Giraffentraum«, das Frank und Gundi Gaschler entwickelt haben. Das heißt, wenn Kinder von klein auf in einem Umfeld aufwachsen, das auf den Prinzipien der Gewaltfreien Kommunikation aufbaut, dann wäre das ein großer Schritt zu mehr Mitgefühl, Gemeinsamkeit und Frieden auf der Welt.

Im Leben mit Kindern stehen wir immer wieder vor neuen Fragen und Herausforderungen. Auch wenn wir wissen, dass es keine Patentrezepte gibt, so brauchen wir dennoch etwas, an dem wir uns orientieren können.

Wie dieses Buch aufzeigt, liegt diese Orientierung in der inneren Verbindung zu den Kindern, die uns anvertraut sind. Wenn wir gegenwärtig und einfühlend in Kontakt mit ihnen sind, erwächst ihnen durch diese Beziehung die Kraft, in dieser Welt anzukommen und ihren eigenen Weg darin zu finden.

Das Konzept »Giraffentraum« kann Erzieherinnen und Eltern dabei unterstützen, mit Kindern eine harmonische Beziehung aufzubauen und sie auf dem Weg ins Leben einfühlsam zu begleiten.

Isolde Teschner

Zertifizierungstrainerin für Gewaltfreie Kommunikation

Einführung

»Ich muss gar nix – ich kann mich entscheiden! Und außerdem bin ich ein Mensch!«

Unsere Tochter Elia erwiderte diese zwei Sätze mit dreieinhalb Jahren ihrer Erzieherin im Kindergarten, nachdem diese sagte: »Du musst jetzt aufräumen.« Was folgte, waren lange Elterngespräche mit den Erzieherinnen und für uns eine intensive Auseinandersetzung mit der Frage, wie »gewaltfrei« wir unsere Kinder erziehen wollen.

Meine Frau Gundi und ich beschäftigten uns schon seit einiger Zeit intensiv mit dem Thema Erziehung – nicht nur, weil wir Eltern sind, sondern auch, weil wir Elternkurse (»Starke Eltern – Starke Kinder®«) geben. In den Kursen und auch zu Hause begegneten uns dabei immer wieder die Fragen, wie wir Grenzen setzen, wie wir Konsequenzen aufzeigen und auch selbst durchhalten können und vor allem die Frage: »Wie viel Orientierung braucht das Kind?«. Der Grundtenor der meisten Erziehungsseminare und Elternratgeber, die wir – vor allem Gundi – damals lasen, war: »Gib deinem Kind *Orientierung*, damit es sich *später* für das *Richtige* entscheiden kann.« Das klang einfach und auch gut vermittelbar. In der Realität war es allerdings nicht so simpel. Das Orientierunggeben war nicht ganz so leicht, weil Marie (unsere ältere Tochter) und Elia es nicht immer annahmen. Dass die Kinder sich *»später«* richtig entscheiden, war etwas unbefriedigend, wenn *»jetzt«* das Zimmer unaufgeräumt war, und auf die Frage, was das *»Richtige«* sei, habe ich ja für mein eigenes Leben noch keine endgültige Antwort gefunden.

Im Zuge ihrer Tätigkeit als Elternkursleiterin stieß Gundi eines Tages auf Marshall Rosenbergs Buch *Gewaltfreie Kommunikation*[1] und krempelte damit so einiges in unserer Familie um. In Windeseile verbreitete sie die Idee, es gäbe so etwas wie richtig und falsch nicht, niemand sei für die Gefühle anderer verantwortlich und man bräuchte sich nicht zu entschuldigen, noch dazu, weil es so etwas wie Schuld nicht gäbe. Außerdem: »Man muss gar nix!«

Mein Weltbild drohte einzustürzen! Ich hatte ja schon so einiges mitgemacht: Habe Ich-Botschaften gesendet, Familienkonferenzen abgehalten, positive Formulierungen gefunden und Doppelbotschaften vermieden. Aber jetzt das? Wenn es weder richtig noch falsch gibt, wo bleibt dann die Orientierung? Wenn jeder für seine Gefühle selbst verantwortlich ist, wo bleibt dann das Miteinander, und wenn es keine Schuld gibt, dann kann ja jede tun, was sie will. Was ich hingegen annehmen konnte, war, dass ich nichts *muss* – schon gar nicht das Buch über Gewaltfreie Kommunikation selbst lesen! Mein Bedürfnis nach Autonomie war damals sehr ausgeprägt. Trotz aller Gegenwehr blieb mir die Veränderung jedoch nicht verborgen. Im Gegensatz zu mir sogen die Kinder den Paradigmenwechsel in unserer Familie mit jeder Pore auf. Nicht, dass Gundis Erziehung plötzlich erfolgreicher wurde – die Kinderzimmer wurden durch den Einsatz der Gewaltfreien Kommunikation auch nicht selbstverständlicher aufgeräumt als durch meinen Belohnungs-, Bestrafungs- und Orientierungsansatz. Was sich veränderte, war vor allem die Beziehung untereinander. Sie erschien mir zunehmend entspannter und vertrauter. Die Lautstärke, mit der Auseinandersetzungen geführt wurden, nahm deutlich ab. Wutausbrüche, Trä-

Seit mir klar geworden ist, dass ich nicht nur die Rolle »Papa« verkörpere, sondern auch ein Mensch bin, der Bedürfnisse haben darf – und diese auch sättige –, hat sich in unserer Familie sehr viel verändert. Es ist ein Miteinander anstatt ein aufopferndes Füreinander. Ich gebe, weil ich es tun will, und nicht, weil ich muss. Wenn ich nicht bereit bin, es zu geben, dann gibt es vielleicht jemand anderes. Wenn ich es tue, dann ist es ein Geschenk – ohne Gegenleistung, Verpflichtung oder Schuld. Es ist mir eine Freude zu schenken und ich genieße es, sehen zu können, wie herrlich ich täglich von meinen beiden Mädchen genauso beschenkt werde.

Heute halte ich *die Absicht*, mit der wir miteinander kommunizieren, für den Schlüssel zur Haltung der Gewaltfreien Kommunikation schlechthin. Reden wir miteinander, um die eigenen Ziele zu erreichen, Recht zu bekommen, zu überzeugen, zu gewinnen? Oder wollen wir verstanden werden und den anderen verstehen? »Worum geht es mir eigentlich, wenn ich mit dir rede?«

nen und Gewalt zwischen den Kindern kamen seltener vor, wenn Gundi sich um die Kinder kümmerte, als wenn ich das tat. Und dabei wirkte sie auf mich sogar noch wesentlich ausgeglichener und zufriedener. Bei den Kindern nahm ich auch wahr, dass sie an Stellen, an denen wir normalerweise in den üblichen Nein-doch-Spielchen endeten, eine Art Neugier entwickelten. Die gipfelte in einer Autofahrt, bei der ich Elia anmotzte, weil sie mit ihrer Brezel auf den Boden gebröselt hatte, und Marie mich fragte: »Papa, worum geht's dir eigentlich?«

Langsam wurde ich neugierig und erkannte, dass die Gewaltfreie Kommunikation ein nützliches Mittel für die Kindererziehung ist. Allerdings ging Gundi weiter und fragte auch mich nach meinen Gefühlen und Bedürfnissen. Öl ins Feuer! Wollte sie mich jetzt auch erziehen oder vielleicht sogar therapieren? Hatte sie jetzt für unser altes Spielchen »Wer kommuniziert besser« ein neues Mittel – eine Geheimwaffe – entdeckt, mit der sie mich manipulieren und davon überzeugen wollte, dass sie Recht hatte? Ich war ziemlich wütend. Einerseits, weil ich unsicher wurde, indem ich merkte, dass sie mich verstand, obwohl ich doch ganz andere Worte gesagt hatte, und andererseits, weil ich ohnmächtig war in der Idee, dass sich das Gleichgewicht zwischen uns verschieben könnte. Insgesamt hatte ich höllische Angst davor, sie könnte mit der Gewaltfreien Kommunikation unsere Beziehung kaputt machen. Es folgte eine Phase hochemotionaler, kontroverser Diskussion.

Die Wende kam, als mir Gundi erklärte, worin ihre Absicht lag. Für sie sei die Gewaltfreie Kommunikation das beste ihr im Moment zur Verfügung stehende Mittel, um uns miteinander in Kontakt zu bringen, um uns gegenseitig zu verstehen und um unsere Beziehung und Partnerschaft zu stärken. Ihre Intention läge darin, etwas *für* unsere Beziehung zu tun, nicht dagegen. Ihr Lernen und Wachsen mit mir zu teilen, war eine Einladung, den Weg gemeinsam zu gehen.

Ich beschloss daraufhin, das GfK-Buch zu lesen – erst einmal heimlich. Was mich ansprach, waren Marshalls Geschichten – der Humor und die Leichtigkeit und gleichzeitig die Tiefgründigkeit und Wärme, mit der er erzählt. Ich wollte mehr wissen, besuchte ein Einführungsseminar und Übungsgruppen. Wir integrierten die GfK in unsere Elternkurse und entschlossen uns, gemeinsam an einer GfK-Trainerausbildung teilzunehmen.

In diesem Zeitraum bekamen wir eine Anfrage von einer Elternbeirätin aus Elias Kindergarten, ob wir ein Gewaltpräventionsprogramm kennen oder durchführen können. Ihr Wunsch war, die Kinder stark zu machen für den kommenden Lebensabschnitt. Sie fühlte sich ohnmächtig angesichts der Instanz Schule und war besorgt um ihren Sohn. Um ihn vor schmerzlichen Erfahrungen zu schützen, wollte sie ihm etwas als Unterstützung und Kraftquelle mitgeben. Da wir gerade nach Wegen suchten, um unseren neuen und reichen Erfahrungsschatz nicht nur in Elternkursen, sondern auch gezielt an die Kinder weiterzugeben, entstand die Idee, das Projekt »Giraffentraum« zu entwickeln – mit dem Ziel, die Kinder zu stärken.

»Als ich den ›Giraffentraum‹ las, war ich tief berührt, weil er mich an das erinnert hat, warum ich irgendwann einmal die Ausbildung zur Erzieherin gemacht habe: Ich wollte Kinder so sehen, wie sie sind, und nicht, wie sie sein sollten.«

SABINE, Erzieherin

Im Lauf der Konzeption zeigte sich anhand der neuen Bildungspläne, dass es in vielen Kindergärten einen Bedarf gibt nach empathischem Umgang, lebensdienlicher Kommunikation, Leichtigkeit und Aufrichtigkeit.

Im April 2005 stellten Gundi und ich mit Hilfe von Sara Hartmann und Barbara Friedlein das Konzept Giraffentraum fertig und führten es in Kindergärten in Karlsfeld und Dürmentingen durch. Die Offenheit, das Engagement und die Begeisterung, mit der die Erzieherinnen über ihre Erfahrungen mit den Kindern, den Eltern und innerhalb der Teams berichteten, und all die Erkenntnisse und Veränderungen, die unsere Arbeit dort bewirkt hat, beflügelten uns, weiterzumachen und Projekte in vielen anderen Kindergärten durchzuführen. Diese Ergebnisse finden sich wieder in der Diplomarbeit »Gewaltfreie Kommunikation im Kindergarten – Eine empirische Untersuchung zur Umsetzung des Konzeptes ›Giraffentraum‹ an fünf Kindergärten« von Anne Jaschke (TU Dresden, 2007). Die im Rahmen dieser Untersuchung befragten Erzieherinnen benannten unterschiedliche, jedoch nur positive Auswirkungen auf die Kinder und die gesamte Einrichtung. (Einige ihrer Aussagen finden Sie im Buch zitiert.) Anne Jaschke kommt zu folgendem Schluss: »Es gibt zahlreiche Überschneidungen zwischen den untersuchten Bildungszielen der Bildungspläne von Sachsen und Bayern und den Intentionen des Projektes Giraffentraum. Viele Lernziele der Bildungspläne in den Bereichen Konfliktlösekompetenzen, soziale Kompetenzen und kommunikative Kompetenzen können mit dem Projekt Giraffentraum erreicht werden. Damit stellt es ein geeignetes Handwerkszeug dar, um die Empfehlungen der Bildungspläne in die Praxis umzusetzen.« Gemeinsam mit anderen Trainerinnen und Trainern arbeiten wir daran, dass die Gewaltfreie Kommunikation immer mehr Kindergärten, Kindertagesstätten, Schulen und Familien erreicht, dass sie in die Erzieherinnen- und Lehrerinnenausbildung integriert wird und dass Eltern in Seminaren Unterstützung und Anregungen bekommen.

Was Sie in diesem Buch finden

In dem vorliegenden Buch wollen wir darstellen, wie die Beziehungen innerhalb von Familien und Kindergärten auf einer wertschätzenden und lebendigen Basis stehen können. Danach beschreiben wir die Gewaltfreie Kommunikation als eine Möglichkeit, dies zu erreichen (zweites Kapitel), und zeigen, wie in dieser Haltung mit Kindern im Kindergartenalter kommuniziert werden kann (drittes Kapitel). Im vierten Kapitel stellen wir das Konzept »Giraffentraum« als Beispiel vor, wie Gewaltfreie Kommunikation in Kindergärten eingeführt werden kann, und verdeutlichen Bezüge zu den Anforderungen der aktuellen Bildungs- und Erziehungspläne. Im Anschluss finden Sie kurze Beschreibungen weiterer Projekte zur Gewaltfreien Kommunikation (Stand 2007).

Dieses Buch ist an vielen Stellen in der Ich-Form geschrieben, da der Prozess der Umwandlung von Erlebtem, Reflektiertem und Erlerntem in Geschriebenes hauptsächlich von mir (Frank) vollzogen wurde. Dennoch ist es mir sehr wichtig, dass wir gemeinsam, Gundi und Frank, als Autoren dieses Buches erscheinen. Ich sehe die weitaus aufwändigere und wichtigere Arbeit darin, gemeinsam diese Schritte gegangen zu sein und weiterhin zu gehen. Die zu Papier gebrachten Sätze sind nur das Ergebnis unseres Austausches, der vielen Gespräche, der gemeinsamen Prozesse und unseres Lebens in der Familie. Ich möchte Gundi damit meine Dankbarkeit dafür ausdrücken, dass sie die Gewaltfreie Kommunikation in unser Leben gebracht hat, meine Wertschätzung dafür, dass sie, trotz all meines Gegenwinds, drangeblieben ist, und zeigen, dass ihr Beitrag für dieses Buch für mich mindestens gleichwertig zu meinem ist.

Zudem schildert das Buch unsere Erfahrungen in der eigenen Familie und will unsere Dankbarkeit gegenüber der Gewaltfreien Kommunikation und damit Marshall Rosenberg ausdrücken. Wir beschreiben darin unsere Sichtweise der Gewaltfreien Kommunikation, wie wir sie heute haben. Die Gewaltfreie Kommunikation stellt sich für uns nicht als ein starres Modell dar, sondern als eine sehr solide Basis, auf der Leben und Beziehungen von Herz zu Herz gelingen können. Gleichzeitig ist sie auch flexibel und bereit zu wachsen.

Mit diesem Buch möchten wir einen Beitrag zur Stärkung der Basis und zu weiterem Wachstum leisten.

Marshall Rosenberg starb am 7. Februar 2015.

Traurig, bewegt, in tiefer Dankbarkeit und voller Demut über dein Lebenswerk. In Freude, dich kennengelernt zu haben.
See you in the field beyond right and wrong doing!

Wie soll die Beziehung zu meinem Kind sein?

Am Beginn unserer Elternkurse bitten wir die Teilnehmerinnen und Teilnehmer ein Bild zu malen mit dem Thema: »Wie soll die Beziehung zu meinem Kind sein?« Wir sehen auf den Gemälden dann Sonnen, Regenbögen, bunte Farben und Formen, Kreise, Herzen und vieles mehr. Aus den Erklärungen wird deutlich, was den Eltern wirklich wichtig ist: Die Beziehung soll geprägt sein von Liebe, Nähe, Verständnis, Wärme, Vertrauen, gegenseitiger Wertschätzung, Freiheit, Gemeinschaft, Spaß, Respekt, Verbindung …

Im Alltag gerät dies leider oft in den Hintergrund. Wichtiger scheint es, Kinder dazu zu erziehen, zu tun, was wir wollen oder was wir denken, was richtig ist. Wenn die Kinder vom Kleinkind- ins Kindergartenalter kommen, werden sich viele Eltern ihrer Erziehungsaufgaben bewusst und verwenden sehr viel Energie auf das Einüben bestimmter Verhaltensweisen: »regelmäßig die Zähne putzen«, »Schuhe richtig herum anziehen«, »sauber mit der Gabel essen«, »anständig am Tisch sitzen«, »die Mama nicht beim Telefonieren stören« usw. Dahinter steht oft der Wunsch, einen Beitrag zu leisten, damit es das Kind leichter hat im Umgang mit anderen und gesund bleibt. Sie wollen es schützen vor Spott, ihm Orientierung und Struktur geben und selbst Sicherheit und Ruhe bekommen. Und das alles als Ausdruck der Liebe und Sorge um das Wohl des Kindes und des eigenen Wohlergehens.

Und was macht das Kind? Warum sagt es nicht: »Danke Mama, dass du mir anstatt Süßigkeiten lieber Obst und Gemüse gibst! Ich kann sehen, dass dir meine Gesundheit am Herzen liegt«? Warum wird es stattdessen wütend und bekommt einen Trotzanfall? Vielleicht weil es die Absicht der Eltern einfach nicht verstanden hat und denkt: »Die wollen ja nur über mich bestimmen.« Vielleicht aber auch, weil es selbst gerne verstanden werden würde und jetzt hilflos, ohnmächtig und frustriert ist, weil ihm die Möglichkeiten fehlen, sich verständlich zu machen. Kann sein, dass es gerne selbst entscheiden möchte, weil es schon sooo groß ist und seine Autonomie gerne ausleben möchte. Kann auch sein, dass es einfach nur gefragt werden möchte und miteinbezogen in Entscheidungsprozesse. Vielleicht schmeckt ihm Gemüse auch schlichtweg nicht.

Als Marie fünf Jahre alt war, kam sie eines Tages aus dem Kindergarten und sagte, sie wolle nicht mehr leben. Wer Marie kennt, weiß, dass sie eine Ernsthaftigkeit ausstrahlt, die einen nicht dazu verleitet, dies als kindlichen Scherz aufzufassen. Obwohl ich im ersten Moment vom Schock wie gelähmt war und sofort alle möglichen Filme in meinem Kopf abliefen, schaffte ich es, ihr zuzuhören: Was steckt dahinter? Es war ein langes Gespräch, in dem sie mir unter vielen Tränen erzählte, ihre Erzieherin habe jetzt ein anderes »Lieblingskind«. Nicht mehr leben zu wollen waren die stärksten Worte, die sie damals kannte, um auf ihren Schmerz aufmerksam zu machen. Sie war einfach unendlich traurig darüber und gleichzeitig jetzt so froh zu hören, dass ich sie verstehen konnte.

Kinder im Alter von drei bis sechs Jahren haben nur selten die sprachlichen Fähigkeiten, sich klar auszudrücken im Sinne von: »Ich möchte mir in diesem Moment fünf Gummibärchen gönnen, da es mir augenblicklich weniger um Nahrungsaufnahme, sondern vielmehr um Genuss und Entspannung geht. Dabei möchte ich selbst entscheiden, welchen Weg ich dazu wähle.« Schade – es wäre so viel einfacher, darauf »beziehungsdienlich« zu reagieren.

Die Realität sieht aber meist anders aus: Wenn Kinder ihre Wut darüber, »abhängig zu sein«, ihren Frust darüber, »sich nicht verständlich machen zu können« und ihre Enttäuschung »nicht verstanden zu werden«, ausdrücken, wählen sie häufig Verhaltensweisen, die die Eltern als »bocken«, »trotzen«, »provozieren« oder »zicken« bewerten. Dafür bekommen sie alles Mögliche – jedoch nur selten das, was sie brauchen: Verständnis.

Was also macht das Kind, dem die Mutter im Supermarkt gerade die Gummibärchen verwehrt und stattdessen einen Apfel angeboten hat? Es macht *das Schönste und Beste*, das ihm gerade zur Verfügung steht, um seine Bedürfnisse vermeintlich zu erfüllen: Es wirft sich auf den Boden und schreit.

Schönste und Beste? Was soll daran so toll sein, wenn sich mein Kind im Supermarkt auf den Boden schmeißt und so lange brüllt, bis jeder Anwesende weiß, dass wir einen kleinen Disput haben? Nichts ist daran toll! Weder erfüllt sich das Kind damit erfolgreich seine Bedürfnisse nach Autonomie, Genuss und Entspannung, noch die Mutter, die in diesem Moment wohl eher Ruhe, Leichtigkeit, Verständnis und Unterstützung bräuchte. Dennoch: Dem Kind steht im Moment nichts Schöneres und Besseres zur Verfügung, also wählt es – weder gezielt noch bewusst, schon gar nicht, um zu provozieren – das, was es kennt. Und je mehr es das tut, umso zorniger und verzweifelter wird es, weil es doch der beste Weg (meist der einzige, den es kennt) ist, der ihm zur Verfügung steht, und dieser dennoch nicht zum Erfolg führt. Also steigert es sein Tun in der Hoffnung, dann erfolgreicher zu sein. Je mehr es dies aber tut, umso weniger wird es sein Ziel erreichen. Ein tragischer Kreislauf, den es zu durchbrechen gilt.

Verstehen und verstanden werden

In der Gewaltfreien Kommunikation gehen wir davon aus, dass alles Verhalten zielgerichtet ist und im Dienste der Erfüllung unserer Bedürfnisse steht. Gegenseitiges Verständnis gelingt nach unserer Erfahrung auf der Ebene der Bedürfnisse wesentlich besser als auf der Verhaltensebene.

Was meint die Gewaltfreie Kommunikation mit gegenseitigem Verständnis?

In unseren Seminaren erklären wir die Gewaltfreie Kommunikation anhand des Modells zweier Häuser. Die Häuser sind sehr unterschiedlich in Form, Größe, Design, Einrichtung und Ausstattung. Das eine ist sehr konservativ, das andere sehr modern eingerichtet, das eine verspielt, das andere praktisch.

Die Häuser stehen als Symbol für uns selbst. Jeder von uns bewohnt ein eigenes Haus, dessen Gestaltung er selbst vornimmt und die sich nach seinen Möglichkeiten, Werten, Vorlieben, Erfahrungen und seinem Geschmack richtet. Hierin unterscheiden wir uns. Die individuelle Gestaltung symbolisiert *unsere Strategien*, die wir wählen, um uns das zu erfüllen, was uns wichtig ist. Die Basis, das Fundament, auf dem unsere Häuser stehen, ist dagegen bei allen Menschen gleich. Dies sind *unsere Bedürfnisse* und die damit verbundenen Gefühle. Jeder Mensch hat ein Bedürfnis nach Ruhe und Entspannung. Der eine wählt ein Himmelbett, um sich dieses Bedürfnis zu erfüllen, der andere einen Futon.

Um uns gegenseitig zu verstehen, besuchen wir uns in unseren Häusern. Wir betrachten die Einrichtungsgegenstände und lassen uns erklären oder fragen nach, wozu sie dienen. Dabei vermeiden wir, nach unserem Geschmack zu bewerten oder etwas zu verändern. Wir sind hier als Gast und nicht als Eigentümer oder Hausbesetzer! Es geht nicht darum, ob wir die Einrichtung schön oder hässlich finden, sondern darum, ob der andere sich damit wohl fühlt. Gerne kann ich mir dabei etwas abschauen, um es in meinem Haus anzuwenden.

Konflikte entstehen – wie beim Nachbarschaftsstreit – immer dann, wenn die Art, wie ich leben möchte, die Möglichkeiten meines Nachbarn einschränkt. Wenn ich beispielsweise gerne laute Musik höre, weil mir in diesem Moment Entspannung wichtig ist, kann dies mit der Strategie des Nachbarn kollidieren, der in Ruhe ein Buch lesen möchte, weil auch ihm Entspannung wichtig ist. Das Bedürfnis nach Entspannung ist universell, nicht aber die Wege, die wir wählen, uns dies zu erfüllen. Verstehen heißt hier zu erkennen, welches Bedürfnis hinter dem jeweiligen Verhalten steht. Das bedeutet jedoch nicht, dieses Verhalten automatisch zu akzeptieren:

Verstehen heißt nicht einverstanden sein!

Wenn wir verstehen, worum es uns eigentlich geht, können wir wesentlich leichter Wege finden, die allen gerecht werden. Wie wär's mit einer gemeinsamen Partie Schach für die Nachbarn und einem kühlen Bier auf der Terrasse? Zurück zu unserem Beispiel im Supermarkt. Verstehen – beginnen wir beim Elternteil: Was geht in der Mutter vor? Was fühlt sie und was braucht sie jetzt gerade? Vielleicht ist sie erschöpft und braucht Ruhe, vielleicht ist sie frustriert, weil sie gerne gesehen werden möchte in ihren Bemühungen als Mutter, vielleicht ist sie überfordert und braucht Unterstützung, vielleicht ist sie hilflos, weil sie im Kontakt, in Verbindung sein möchte. Und genau das könnte die Mutter ihrem Kind sagen: »Ich bin so kaputt und ich hätte es jetzt gerne leicht und dass wir miteinander Spaß haben. Und was ist mit dir?«

Kind: »Ich will Gummibärchen!« Was fühlt und braucht das Kind? Die Mutter könnte sich gemeinsam mit dem Kind auf die Suche machen und fragen: »Bist du sauer, weil du gerne selber entscheiden möchtest? Willst du gerne gefragt werden und magst du mitbestimmen? Hättest du gerne, dass jemand versteht, wie blöd das für dich ist, immer jemanden fragen zu müssen?«

Und jetzt – nachdem die Mutter erkannt hat, was das Kind braucht – was fühlt und braucht sie jetzt? Vermutlich ist sie erleichtert und freut sich darüber, wieder im Kontakt mit ihrem Kind zu sein und so zu verstehen, worum es ihm geht. Vielleicht kann sie auch gut nachvollziehen, wie schmerzhaft es ist, nicht mitentscheiden zu können. Und gleichzeitig ist da noch ihre Sorge um die gesunde Ernährung – sie möchte vielleicht ihr Bestes tun, damit es ihrem Kind gut geht. Und all das kann sie ihrem Kind sagen: »Mir ist das auch total wichtig, gefragt zu werden und mitentscheiden zu konnen, und deshalb will ich, dass du das auch kannst. Gleichzeitig ist mir auch noch wichtig, dass du viele gesunde Sachen isst, damit es dir gut geht und du hüpfen und spielen und Spaß haben kannst. Hast du eine Idee, was wir machen können, damit *du* mitentscheiden kannst und *ich* sicher sein kann, dass du genug gesunde Sachen isst?«

So oder ähnlich könnte ein Dialog lauten, in dem es in erster Linie darum geht verstanden zu werden – *ich möchte wissen, worum es dir geht, und ich will dir sagen, worum es mir geht, damit wir dann einen Weg finden, mit dem es uns beiden gut geht.* Das ist, kurz gesagt, die Haltung der Gewaltfreien Kommunikation.

Ich verstehe das Bedürfnis, bin aber mit dem Verhalten nicht einverstanden

Heißt das dann, dass Eltern alles von ihren Kindern erdulden müssen? Ganz sicher nicht! Es geht darum, das Bedürfnis (Mitbestimmung) hinter dem Verhalten (Schreien) zu erkennen und zu verstehen. Das Verhalten ist dabei nur ein Weg unter vielen, der eingeschlagen wurde, um das Bedürfnis zu befriedigen. Daher kann ich mich sehr wohl mit dem Bedürfnis verbinden und es verstehen, ohne mit dem gewählten Verhalten einverstanden zu sein. Der Blick auf das Bedürfnis ermöglicht uns, zu prüfen, ob die gewählten Strategien auch erfolgreich sind. Erfüllen sie das Bedürfnis tatsächlich? Wenn nicht, dann können wir neue Wege finden, die den Bedürfnissen aller besser gerecht werden. Wir wollen also das Repertoire erweitern, so dass beim nächsten Mal Schöneres und Besseres zur Verfügung steht. Und dafür ist es sehr hilfreich zu wissen, worum es eigentlich geht. Es macht wenig Sinn, dem Kind anstatt der Gummibärchen einen Apfel anzubieten, wenn das Bedürfnis nach Autonomie hungrig ist. Eventuell hilft es dem Kind in dieser Situation mehr mitzuentscheiden, wie der Nachmittag verbracht wird, z.B. mit einer halben Stunde auf dem Spielplatz.

Bereits mit eineinhalb Jahren liebte Elia es, stundenlang allein zu spielen, und war dabei so vertieft, dass sie ihre Umgebung völlig vergaß. Zwischendurch unterbrach sie ihr Spiel immer wieder, lief in die Küche und verlangte sofort etwas zu essen. Sobald dies aber auf dem Tisch stand, aß sie nur ein paar Happen, um dann wieder zu ihrem Spiel zurückzukehren. Wir stellten Obst bereit, das sie jederzeit essen konnte, aber dies verfehlte das Ziel. Wir sollten frisches Obst schälen. Es dauerte eine Zeit, bis wir verstanden, worum es ihr ging: Sie wollte kurz checken, ob wir noch da waren und sie noch lieb hatten. Ihr in diesem Punkt Sicherheit zu geben, dazu waren wir sehr gerne bereit – viel lieber, als den ganzen Tag in der Küche zu stehen.

Der Schritt in den Kindergarten

Wenn unsere Kinder in den Kindergarten, die Kindertagesstätte oder die Kinderkrippe kommen, ist es meist das erste Mal, dass sie die sichere und vertraute Umgebung ihres Zuhauses verlassen. Ein großer Schritt! Zum ersten Mal vertrauen die Eltern ihre Kinder anderen Menschen an, übergeben diesen den Auftrag, sich täglich für einige Stunden um sie zu kümmern, sie in ihrer Entwicklung zu begleiten und zu ihrem Lernen und Wachsen beizutragen.

Es ist ein wunderbarer Schritt, da er den Eltern viel Eigenständigkeit und Unabhängigkeit ermöglicht und den Kindern die Chance bietet, sich in einem geschützten Rahmen sozial zu entwickeln. Sie können dort von Gleichaltrigen lernen und mit ihnen spielen, toben, basteln, singen, malen und die Welt erkunden.

Gleichzeitig kann dieser Schritt auch besetzt sein von Ängsten und Zweifeln. »Wird es meinem Sohn dort auch gut gehen?«, »Wird meine Tochter angenommen und gesehen als der wunderbare Mensch, der sie ist?«, »Werde ich es erfahren, wenn es meinem Kind mal nicht gut geht?« und »Wird es verstanden und bekommt all das, was es wirklich braucht?« Mit den Befürchtungen einher geht die Sehnsucht, dass unsere Kinder, die doch gerade eben noch Babys waren, dort ebenso viel Liebe, Geborgenheit, Wärme und Wertschätzung erfahren mögen wie zu Hause. Die Kinder den pädagogischen Fachkräften zu überlassen bedarf großen Vertrauens. Mütter und Väter können dies teilweise erlangen, indem sie sich Informationen über das pädagogische Konzept und Klarheit über die konkrete Umsetzung verschaffen. Auch Erfahrungen anderer Eltern tragen dazu bei. Damit erhalten Eltern eine gewisse Übersicht und Kontrolle im Sinne von: »Ich habe mit allen mir zur Verfügung stehenden Mitteln dafür gesorgt, das Bestmögliche für mein Kind und mich zu erreichen.« Dennoch ist es nicht immer leicht die Zuversicht zu haben, dass es meinem Kind – als einzigartiges Individuum, mit all seinen Stärken und Verletzlichkeiten, die ich liebe und kenne – dort auch gut geht und dass es in einer Weise behandelt wird, wie ich es mir wünsche. Wenn meine Tochter zum Beispiel weinend nach Hause kommt, sie morgens nicht gehen will oder von »Ungerechtigkeiten« erzählt, herrscht Unklarheit darüber, was wirklich passiert ist. In solchen Situationen fangen unsere Gedanken an, immer schneller zu kreisen, und wir malen uns aus, was alles geschehen ist und wie die Erzieherinnen sind. Das geht oft so lange, bis wir wie selbstverständlich davon ausgehen, dass diese Gedanken der Realität entsprechen. So entstehen Konflikte. Auch hier geht es darum, Klarheit zu schaffen, verstanden zu werden oder den anderen wirklich zu verstehen. Wir können nach Lösungen suchen, die die Bedürfnisse aller befriedigen. Es geht nicht darum, klarzustellen, was »richtig« oder »falsch« für das Kind ist und wer dafür verantwortlich ist, dass sich etwas ändert.

> »Dass sich um mich ein reines Menschenleben entfalte, ausbilde, erstarke; demselben eine Freistätte zu bereiten ist der einzige Zweck meines Handelns.«
>
> **FRIEDRICH FRÖBEL,** Gründer des ersten Kindergartens

Die Gewaltfreie Kommunikation hilft uns, unseren Blick auf all das Schöne und Wertvolle zu lenken, das in den Kindergärten geleistet wird, und auf all das Engagement und die Leidenschaft, mit der die Erzieherinnen täglich zum Lernen und Wachsen der Kinder beitragen. Dabei leisten sie Schwerstarbeit. Sie haben es innerhalb einer Gruppe mit vielleicht 25 Kindern unterschiedlichster kultureller Herkunft zu tun, in einer Altersspanne, bei der die Jüngsten noch nicht einmal halb so alt wie die Ältesten sind. Das bedeutet, dass die Kinder sehr ungleiche Möglichkeiten und Fähigkeiten haben, sich verbal und nonverbal auszudrücken. Dazu bringen sie aus ihrem Elternhaus unterschiedliche Werte mit, die sich vor allem darin zeigen, dass ein Kind selbstverständlich etwas darf, was für ein anderes verboten ist. Jedes Kind möchte in seiner Einzigartigkeit gesehen werden und das bekommen, was ihm hilft, seine Bedürfnisse zu erfüllen. Der Kindergarten ist nicht nur eine Ergänzung zur häuslichen Erziehung, sondern auch ein Ort, an dem Kinder Wertschätzung, Geborgenheit und ein »Zuhause« erfahren.

Wurzeln und Flügel

Mit der Gewaltfreien Kommunikation entwickeln wir unsere Erziehung hin zu einer einfühlenden Begleitung der Kinder ins Leben.[2] Wir wollen ihnen dabei Orientierung und Unterstützung geben, mit ihnen unsere Erfahrungen teilen und ihnen Raum für Entwicklung geben. Schutz und Sicherheit sind dabei genauso wichtig wie Wachstum und Lernen, Liebe genauso wie Freiheit. Mit Goethe gesprochen: »Zwei Dinge sollen Kinder von ihren Eltern bekommen: Wurzeln und Flügel.«

Mit der Absicht, Kinder einfühlend ins Leben zu begleiten, dem Bewusstsein, dass es keine »richtige« oder »falsche« Erziehung gibt, und der Haltung, dass wir das Schönste und Beste tun, was uns im Moment zur Verfügung steht, haben wir dieses Buch geschrieben. Eine Beziehung auf Basis der Gewaltfreien Kommunikation stellt einen Weg abseits von Laisser-faire und Zwangsmaßnahmen dar. Vielleicht lässt sich unsere Vision anhand einer Metapher darstellen, in der Vogeleltern ein Nest bauen, das die Kinder wärmt, ihnen Geborgenheit, Sicherheit und Schutz gibt. Später zeigen die Eltern ihren Kindern, wie sie fliegen können, und teilen ihre Erfahrungen über Gefahren und Freuden. Irgendwann lassen sie los – und freuen sich, wenn die Kinder freiwillig kommen und gehen.

Gundi hat einmal gesagt: »Mein großer Wunsch besteht darin, dass die Kinder, wenn sie mal selbst eine Familie haben, sich darauf freuen, mit uns zusammen Weihnachten zu feiern.«

Wenn Sie in den folgenden Kapiteln über die Gewaltfreie Kommunikation lesen, wünsche ich mir, dass Sie dies als Angebote eines Marktplatzes der Möglichkeiten sehen. Bitte probieren Sie all diejenigen Aspekte, die Sie ansprechend finden, aus und wählen Sie anhand der folgenden Fragestellung: Welche Aspekte halte ich für mich und meine Familie, für mich und meine Einrichtung für hilfreich, um eine Beziehung zu den Kindern zu haben, die geprägt ist von Liebe, Nähe, Verständnis, Wärme, Vertrauen, gegenseitiger Wertschätzung, Freiheit, Gemeinschaft, Spaß, Respekt …

Gewaltfreie Kommunikation: In vier Schritten zum Verständnis

Dr. Marshall B. Rosenberg wurde 1934 in einer amerikanischen Arbeiterfamilie geboren und war bereits in seiner Jugend als Weißer jüdischer Herkunft im schwarzen Ghetto von Detroit, Bundesstaat Michigan (USA) mit Gewalt konfrontiert. Er entwickelte dadurch ein starkes Interesse an Formen der Kommunikation, die eine friedliche Alternative darstellen. Im Jahre 1961 promovierte er an der University of Wisconsin zum Doktor der Psychologie, außerdem studierte er vergleichende Religionswissenschaften.

Den Prozess der »Nonviolent Communication«, also der Gewaltfreien Kommunikation (GfK) begann Marshall Rosenberg im Jahre 1963 zu entwickeln. Dabei beeinflusste ihn auch seine Auseinandersetzung mit der amerikanischen Bürgerrechtsbewegung in den frühen 1960ern. Seitdem hat er die Gewaltfreie Kommunikation ständig verfeinert und weiterentwickelt. Um den wachsenden Trainingsbedarf abzudecken, gründete Rosenberg im Jahre 1984 das Center for Nonviolent Communication (CNVC), das sich seitdem zu einer internationalen Organisation entwickelt hat. Mittlerweile hat Dr. Marshall Rosenberg mit Unterstützung von derzeit weltweit ca. 250 zertifizierten Trainerinnen und Trainern die Gewaltfreie Kommunikation in über 65 Ländern an Lehrer, Erzieherinnen, Schüler, Studenten, Eltern, Manager, Ärzte, Psychologen, Anwälte, Friedensaktivisten, Gefangene, Polizisten und Geistliche usw. weitergegeben. Auch an Programmen zur Friedensförderung in Kriegs- und Krisengebieten war Marshall B. Rosenberg beteiligt.

Methodisch empfiehlt Marshall Rosenberg vier Schritte, um uns so auszudrücken, dass wir verstanden werden und dabei die Beziehung zueinander stärken: Ausdruck von *Beobachtung, Gefühl, Bedürfnis* und einer *Bitte*. Und er beschreibt Prozesse, die diesem Zweck dienlich sind: *Selbstempathie, Aufrichtigkeit* und *Empathie*, also Einfühlung. Wesentlich dabei ist, dass es sich bei der Gewaltfreien Kommunikation nicht um eine

Methode oder um ein Modell handelt, sondern vielmehr um eine *Haltung*, mit der wir mit uns und mit anderen Menschen umgehen wollen. Gewaltfreiheit beschreibt eine Haltung und Handlungen, mit denen wir sowohl unsere Bedürfnisse als auch die unseres Gegenübers, ja, die aller Menschen berücksichtigen wollen. Das Bedürfnis nach »Nahrung« ist somit nicht gestillt, wenn ich oder meine Familie satt ist, sondern erst dann, wenn alle Menschen, alle Lebewesen genügend zu essen haben. Darin zeigt sich das Menschenbild der Gewaltfreien Kommunikation: Wir sind alle eins, haben die gleichen Bedürfnisse und werden getragen und sind Ausdruck der gleichen allumfassenden Energie. Darin sind wir verbunden und dadurch ist es uns auch möglich, uns empathisch zu verbinden, uns zu verstehen. Es geht nicht um ein Gegeneinander, sondern um ein Miteinander; nicht um Macht über andere, sondern um die Kraft, im Miteinander etwas zu gestalten. Es geht nicht um »gewinnen« oder »verlieren«, sondern um ein Leben in Gemeinschaft und Respekt vor Mensch und Natur und gegenseitiger Wertschätzung.

Gewaltfreie Kommunikation beschreibt dabei den Weg, wie wir miteinander in Kontakt kommen. Sie schließt jede Art der Kommunikation

WARUM DIESER NAME?

Der Begriff Gewaltfreie Kommunikation stößt immer wieder auf Ablehnung und Kritik, da er zu implizieren scheint, dass wir alle »gewalttätig« seien. Leider steht »gewaltfrei« auch im direkten Widerspruch zu dem, was die Gewaltfreie Kommunikation lehrt, nämlich zu benennen, was wir wollen, anstatt zu sagen, was wir nicht wollen. Aus diesem Grund bezeichnet Marshall Rosenberg die Art, sich in dieser Weise auszudrücken, lieber als »*eine lebensbereichernde Sprache*«, »*eine Sprache des Herzens*« oder »*Giraffensprache*«. Wie das aber bei vielen Dingen so ist, bleibt auch hier der Name bestehen, der ursprünglich gefunden wurde, eben *Gewaltfreie Kommunikation*. Der Begriff ist inzwischen durch die Vielzahl der Buchveröffentlichungen weltweit etabliert und bekannt.

mit ein, die diesem Zweck dient, sei sie verbal, nonverbal oder abseits jeglicher Verbalität. Gewaltfreie Kommunikation braucht sich somit nicht in den vier Schritten (Beobachtung, Gefühl, Bedürfnis, Bitte) auszudrücken. Oft öffnet ein Lächeln oder Musik oder ein Bild mehr Herzen als viele Worte. Die Methodik der vier Schritte ist lediglich ein Hilfsmittel, Handwerkszeug, mit dem wir lernen können, uns auszudrücken.

Die Symbole der Gewaltfreien Kommunikation

Marshall Rosenberg verwendet die Tiersymbole Giraffe und Wolf, um verschiedene Kommunikationsmuster zu verdeutlichen.

Die Giraffe hat einen langen Hals, mit dem sie alles überschaut. So behält sie den Überblick über das Geschehen. Sie ist das Landtier mit dem größten Herzen und steht damit symbolhaft für eine Herz-zu-Herz-Verbindung. Sie spricht die Giraffensprache, mit der sie stets im Kontakt mit den eigenen Bedürfnissen und Gefühlen ist, und ist bestrebt, die Bedürfnisse und Gefühle des anderen herauszufinden, um so eine Verbindung herzustellen. Die Giraffe bewertet sämtliche Informationen anhand ihres Wertemaßstabes: Dient das, was gerade geschieht, der Erfüllung der Bedürfnisse? Falls nicht, sucht sie nach geeigneteren Strategien, die eher der Bedürfniserfüllung dienen können. Sie fällt keine moralischen Urteile. Die Giraffe übernimmt dabei Verantwortung für ihr Verhalten.

Der Wolf hingegen bewertet in den Kategorien »richtig« und »falsch«, »gut« und »schlecht«. Dabei verknüpft er das für ihn negative Verhalten einer Person mit einer Bewertung dieser Person. Aus »Ich finde das schlecht für mich« wird schnell »Du bist schlecht!«, »Du hast etwas falsch gemacht« oder auch »Ich habe etwas falsch gemacht«.

Diese Denkweise führt zu Gefühlen wie Ärger, Schuld, Scham und Depression, häufig zu Konflikten, Angriffen, Verteidigungen, Be- und Entschuldigungen – sehr selten aber zu Verständnis und Kontakt zu sich selbst und anderen.

Beispiel für Wolfs- und Giraffensprache	
»Du warst heute wieder zu faul, den Müll hinauszutragen.« Bewertung	»Der Mülleimer ist randvoll.« Wahrnehmung
»Ich fühle mich total ausgenutzt!« Interpretation	»Ich bin genervt, …« Gefühl
»Nie hältst du dich an unsere Absprachen.« Kritik	»… weil mir wichtig ist, dass Abmachungen eingehalten werden.« Bedürfnis
»Bring jetzt bitte den Müll raus, sonst gibt es Fernsehverbot.« Forderung und Strafandrohung	»Kannst du mir sagen, was dich davon abgehalten hat, den Mülleimer rauszutragen?« Bitte Es wäre auch die Bitte möglich: »Würdest du den Müll bitte jetzt rausbringen?« Die Wahrscheinlichkeit, dass diese Bitte erfüllt wird, steigt jedoch, wenn der Gefragte vorher die Chance hat zu sagen, was ihn abgehalten hat, die Abmachung einzuhalten.

Welche Art der Kommunikation halten Sie für hilfreicher, um in Kontakt zu bleiben?

Sowohl die Giraffe als auch der Wolf sind nur Symbole innerhalb des Modells der Gewaltfreien Kommunikation. Sie sollen nicht Ausdruck einer »besseren« oder »schlechteren« Kommunikation sein und schon gar nicht wollen wir die Tiere selbst bewerten (»Die Giraffe ist ein gutes Tier, der Wolf ist böse«). Tatsächlich übernimmt der Wolf für uns wichtige Dienste, indem er uns mit Sätzen wie »Du bist faul« oder »Du bist ein braves Kind« sehr schnell darauf hinweist, dass Bedürfnisse unerfüllt oder erfüllt sind. Leider sind diese Bewertungen eher hinderlich für einen Kontakt und gegenseitiges Verständnis, aber sie ermöglichen es der »Giraffe«, den kleinen

Sprachfehler des »Wolfes« einfach zu übersetzen in »Ich brauche Unterstützung« oder in »Danke, dass du alleine gespielt hast. Ich konnte mich richtig gut ausruhen«.

Um mich selbst zu prüfen, wie weit ich der »wölfischen« Idee verhaftet bin, es gäbe so etwas wie »richtig« und »falsch«, schlage ich folgende Überlegung vor:

Wenn ich es in einem Gespräch mit einer anderen Person nicht geschafft habe, das zu tun, was die GfK vorschlägt, nämlich Beobachtungen klar zu benennen, Gefühle statt Gedanken zu äußern, Bedürfnisse von Personen unabhängig zu machen oder Bitten statt Forderungen zu stellen, denke ich dann, dass ich etwas falsch gemacht habe? Bin ich dann eine schlechte Giraffe? »Wolfe« ich mich dann, weil mein »Giraffisch« nicht gut genug ist? Sind alle anderen schon giraffischer als ich?

Oder feiere ich, dass ich bereits in der Lage bin zu erkennen, dass mich dieser Weg im Moment nicht weiterbringt und ich jetzt die Chance habe, zu lernen und zu wachsen? Bedaure ich, dass anscheinend wichtige Bedürfnisse im Moment dagegen gestanden haben, das anzuwenden, was ich gerne möchte, und mach mich auf die Suche, diese zu ergründen?

Im Konzept Giraffentraum, das wir für den Kindergarten entwickelt haben, hat der Wolf aus didaktischen Gründen keine Bedeutung. Es ist aus unserer Sicht hilfreicher, den Kindern Wege zu zeigen, wie sie miteinander umgehen und wie sie sich verständlich machen können, so dass alle etwas davon haben, anstatt zu zeigen, wie sie *nicht* sein sollen.

- Die Intention der Gewaltfreien Kommunikation liegt darin, sich zu verbinden und die Beziehung zu stärken. Empathie beschreibt dabei die Präsenz, in der wir verbunden sind: »Ich bin jetzt da und bereit, alles zu hören, was dich bewegt, was in dir lebendig ist. Ich bin bereit, all deine Gefühle und Bedürfnisse zu hören, auch wenn sie sich hinter anderen Worten verstecken.«
- Alle Menschen haben im Grunde die gleichen Bedürfnisse. Eines unserer wichtigsten Bedürfnisse besteht darin, zum Wohlergehen anderer beizutragen.
- Gewalt und Konflikte entstehen daher nicht auf der Ebene der Bedürfnisse, sondern auf der Ebene der Strategien, das heißt der Art, wie wir unsere Bedürfnisse erfüllen wollen. Unsere Bedürfnisse zu kennen, die eigenen und die des anderen, erleichtert es uns, Wege im Konsens zu finden oder zumindest einen Verhandlungsspielraum zu entdecken.
- »Richtig und falsch«, »gut und böse«, »du oder ich«, »entweder oder« sind Ausdruck eines Bewertungssystems, dessen Grundannahme darin besteht, dass Ressourcen rar sind und nicht genug für alle da ist. Eine lebensdienliche Kultur geht davon aus, dass die Bedürfnisse aller zur selben Zeit gestillt werden können, und sieht den Reichtum.
- Bewertungen sind lebensnotwendig und lebensdienlich, wenn sie sich an unseren Bedürfnissen orientieren, z.B.: »Wenn du dir die Ohren zuhältst, während ich mit dir rede, mache ich mir Sorgen, weil mir wichtig ist, dass jeder gehört wird.« In diesem Fall bewerte ich den Auslöser »Ohren zuhalten« als nicht hilfreich, um mein Bedürfnis »gehört zu werden« erfüllt zu bekommen. Meine Absicht dahinter lautet, dass ich mich mit dem anderen verbinden möchte. Bewertungen, die uns voneinander trennen, sind Urteile über die andere Person und Verallgemeinerungen: »Wenn du dir die Ohren zuhältst, während ich mit dir rede, bist du unhöflich und genauso ein Trotzkopf, wie alle Kinder in deinem Alter.«
- Was auch immer wir tun: Es ist das Schönste und Beste, das uns im Moment zur Verfügung steht, um unsere Bedürfnisse zu erfüllen. Jedem Verhalten liegt der Wunsch nach Erfüllung der eigenen Bedürf-

nisse zugrunde – und nicht der nach der Einschränkung von Bedürfnissen anderer. Wann auch immer es zu Einschränkungen kommt, können wir uns auf die Suche nach alternativen Wegen machen, um unsere Bedürfnisse zu erfüllen.

- Jeder ist für seine Gefühle selbst verantwortlich, da die Ursache in unseren Bedürfnissen selbst liegt. Das Verhalten des anderen kann nur Auslöser für meine Gefühle sein. Wir alle sind aber verantwortlich dafür, wie wir aufeinander zugehen, mit welcher Absicht dies geschieht und wie wir mit der Reaktion des anderen umgehen.

Über Konflikte und: »Wer trägt eigentlich die Verantwortung für meine Gefühle?«

Jede Begegnung, selbst in Form eines Konfliktes, kann eine Chance sein, etwas über sich und den anderen zu erfahren und dadurch die Beziehung zu intensivieren. Sie ist jedes Mal eine Möglichkeit, dem anderen nahezukommen und gleichzeitig mehr Klarheit darüber zu erhalten, was ihn bewegt.

Im Konfliktfall sind wir im Allgemeinen recht vertraut mit folgenden (inneren) Sätzen:

> ***»Es geht mir schlecht, du bist schuld daran!***
> ***Rate, was ich brauche – und wehe,***
> ***du liegst daneben.«***

»Ich bin frustriert, *weil du* …« ist die gängige Sichtweise, die die Verantwortung für meine Gefühle bei dem Verhalten des anderen sucht. Ist dem wirklich so? Möchten wir tatsächlich die Verantwortung für unsere Gefühle dem anderen überlassen? Hat er die Macht und die Möglichkeiten, einfach nur auf ein Knöpfchen zu drücken und uns damit frustriert, traurig, glücklich oder sogar verliebt zu machen?

Probieren Sie es aus: Sagen Sie zu Ihrer Partnerin oder Ihrem Partner: »Mach mich glücklich!« Wenn er oder sie mitspielt, werden jetzt verschiedene in der Vergangenheit erfolgreiche oder auch neue Strategien ausprobiert. In wessen Hand liegt es aber, ob Sie dadurch glücklich, belustigt, gelangweilt oder müde werden? In Ihrer!

»Ich hatte früher große Scheu vor Konflikten, weil ich befürchtete, dass jeder Streit Narben hinterlassen würde. Die Strategie, die ich damals gewählt habe, um die Beziehung zu schützen, war: zu schlucken. Wenn ich mir heute die Frage stelle, ob die Strategie erfolgreich war – d.h. ob ich dadurch tatsächlich die Beziehung geschützt habe –, komme ich immer wieder zu dem gleichen Ergebnis. NEIN! Denn heute glaube ich: Jedes Mal, wenn ich schlucke, anstatt aufrichtig zu sagen, was mich stört, zahlt jemand dafür – meistens leidet die Beziehung.«

GUNDI GASCHLER

Die Gewaltfreie Kommunikation geht davon aus, dass das Verhalten des anderen Auslöser, nie aber Ursache der Gefühle oder eines Konfliktes ist. Zwar kann es sein, dass ein bestimmtes Verhalten bei uns Gereiztheit, Wut oder Aggressivität auslöst, die Ursache jedoch liegt in uns selbst. Genauer gesagt darin, *inwieweit unsere eigenen Bedürfnisse erfüllt oder nicht erfüllt sind*. Dabei lösen Personen, die uns sehr nahe stehen oder eine bestimmte Rolle innehaben (unsere Kinder, Eltern, Partner, mein Chef, Nachbarn …), mit ihrem Tun meist intensivere Gefühle aus als eine x-beliebige andere Person, die das Gleiche tut. Für mich ist es beispielsweise ein großer Unterschied, ob *meine Kinder* im Restaurant um Tische rennen oder mit den Händen essen oder ob es die Kinder anderer Eltern tun. In beiden Fällen würde ich mich sicherlich in meiner Ruhe gestört fühlen. Hinzu kommt bei den eigenen Kindern aber noch, dass meine Bedürfnisse danach, selbst einen Beitrag zur Gemeinschaft leisten zu wollen, meine Selbstachtung und die Sinnhaftigkeit unserer Erziehung und dass meine Kinder in ihrer Schönheit gesehen und gefeiert werden, in Frage gestellt sind. Selbst wenn das objektiv gar nicht so ist – es reicht, dass ich so denke! Sehe ich meine Kinder im Restaurant um Tische rennen, werden bestimmte Gefühle ausgelöst. Vielleicht bin ich genervt, frustriert, müde, unsicher oder traurig. Sobald dann meine Gedanken über mich, meine Kinder, die anderen oder das, was die anderen jetzt wohl über mich denken, einsetzen und mir sagen: »Du bist ein schlechter Vater!«, »Die Kinder blamieren mich mal wieder!«, »Die sind doch alle Spießer!«, »Die glauben bestimmt, ich habe meine Kinder nicht im Griff!«, spüre ich Scham, Ärger und Wut in mir aufsteigen.

Es ist also nicht das Verhalten als solches, das bestimmte Gefühle in uns auslöst und sogar zum Konflikt führt. Es sind unsere Bedürfnisse, die in diesen Situationen, bezogen auf bestimmte Menschen, äußerst hungrig sind. Statt zu denken, ich habe bestimmte Gefühle, weil der andere etwas Bestimmtes getan hat, sagen wir in der Gewaltfreien Kommunikation:

»Ich fühle mich …, weil ich … brauche.«

Was ist es denn, was ich wirklich brauche? Rote Rosen? Neue Schuhe? Geld? Einen Flachbildschirm? Alles nett, aber was ich wirklich brauche, ist etwas anderes. Etwas, was wir alle gleichermaßen (wenn auch nicht unbedingt immer in gleicher Weise) brauchen, egal ob Mann, Frau, Kind, Chefin, Angestellter, Ostdeutscher, Westdeutscher, Europäer, Weltbürger, Christ, Muslim, sind eben Liebe, Nähe, Verständnis, Wärme, Vertrauen, gegenseitige Wertschätzung, Freiheit, Gemeinschaft, Spaß, Respekt …

> »Wenn dir nur eine Lösung einfällt, hast du das Problem nicht wirklich verstanden!«
>
> MARSHALL ROSENBERG

Uns steht eine Vielzahl an Wegen zur Verfügung, durch die wir versuchen können, unsere Bedürfnisse zu erfüllen. Nun gilt es, diese Wege zu bewerten und zwar nach der Frage: Erfüllt sich durch diesen Weg mein Bedürfnis oder nicht?

Wenn sich zwei Kinder anschreien, geht es ihnen wahrscheinlich darum, gehört und verstanden zu werden – erreichen sie das auf diese Weise? Eher nicht. Also suchen wir nach alternativen Wegen. All die Energie, die normalerweise in Ärger »verpulvert« wird, kann jetzt wesentlich effektiver genutzt werden: nämlich, um nach Strategien zu suchen, wie jeder das bekommt, was ihm gerade wichtig ist. Eine Lösung für das Beispiel wäre: die Kinder reden nacheinander.

Ich habe erfahren, wie erlösend es ist, vom anderen verstanden zu werden, und zu welcher inneren Ruhe und Verbundenheit das führt. Diese Verbundenheit ist oft viel wichtiger als z.B. eine aufgeräumte Küche, ein gemähter Rasen, letztendlich ein gewonnener (und damit auch gleichzeitig verlorener) Machtkampf. Dabei treten Taten häufig in den Hintergrund. Für die meisten Bedürfnisse reicht es, wenn sie auf den Tisch kommen *und gehört werden*. Eine Erfüllung ist dann oft gar nicht mehr nötig.

Die vier Schritte der Gewaltfreien Kommunikation

Marshall Rosenberg schlägt vier Schritte vor, die hilfreich sind, um gegenseitiges Verständnis zu fördern und Verbundenheit zu spüren.

Die Beobachtung

»Die höchste Form menschlicher Intelligenz ist die Fähigkeit zu beobachten, ohne zu bewerten«, sagt der indische Philosoph Jiddu Krishnamurti (1895–1986) und deutet damit darauf hin, dass durch aufmerksame, nicht beurteilende Beobachtung eine Erkenntnis über sich selbst und den anderen erst möglich ist.

Unsere gewohnte Kommunikation ist voll von Bewertungen, Interpretationen, Vergleichen und Urteilen: »Du bist frech!«, »Hier schaut's aus wie im Saustall!«, »Der Kuchen schmeckt wie bei deiner Mutter«, »Ich bin zu dick!«, »Immer machst du Überstunden und bist nie da, wenn man dich braucht!«

Sie sind Ausdruck von Gedanken, die ich über mich selbst oder über den anderen habe, und entstehen aus subjektiven Wahrnehmungen und moralischen Wertvorstellungen. Dahinter stehen in den genannten Beispielen sicherlich Bedürfnisse wie Ordnung, Sicherheit, Schutz oder Einfachheit. Leider bleiben allerdings viele andere Bedürfnisse auf der Strecke, vor allem mein Bedürfnis nach Verständnis und Verbindung. Meistens reagiert das Gegenüber auf solche Aussagen in einer Weise, die zeigen soll, dass meine subjektive Wahrnehmung anders ist als seine. Wir fangen an, uns zu streiten, wessen Weltbild richtig ist: »Ich seh doch, dass du todmüde bist!« – »Nein!« – »Doch!« – »Nein!« – »Doch!« …

Die meisten Konflikte, die in Beziehungen stattfinden, kommen über diese Phase gar nicht erst hinaus und versanden in Frust, Beleidigtsein und Sprachlosigkeit. Andere führen dazu, dass wir unser Gegenüber mit aller Macht dazu bringen wollen, unser Weltbild anzuerkennen: »Du gehst jetzt ins Bett, dann wirst du schon sehen, wie müde du auf einmal bist.«

Das Ziel der Gewaltfreien Kommunikation besteht darin, gegenseitiges Verständnis zu fördern und die Beziehung zu stärken. Um verstanden zu werden, möchte ich vor allem auch die Möglichkeit haben, das zu äußern, was mich bewegt, und nicht nur den Auslöser benennen. Aus diesem Grund versuche ich zuerst einmal eine gemeinsame Ebene zu

Bewertungen	Beobachtungen
»Du bist frech!«	»Du hast gesagt: Oma ist dick.«
»Hier sieht's aus wie im Saustall!«	»Hier liegen Spielsachen am Boden.«
»Der Kuchen schmeckt wie bei deiner Mutter!«	»Mir schmeckt dein Kuchen!«
»Ich bin zu dick!«	»Ich wiege 75 Kilo!«
»Immer machst du Überstunden und bist nie da, wenn man dich braucht!«	»Wir haben ausgemacht, dass du die Kinder um sieben ins Bett bringst. Jetzt ist es halb acht und die Kinder spielen im Wohnzimmer!«

schaffen, eine Übereinstimmung unserer Wahrnehmungen. Ich benenne das konkrete Verhalten des anderen, das bei mir etwas ausgelöst hat, damit er weiß, worüber ich rede. Ich wähle eine konkret beobachtbare Tatsache statt einer Bewertung, um die Wahrscheinlichkeit zu erhöhen, dass mein Gegenüber mir noch weiter zuhört.

Viele Konflikte lassen sich bereits auf dieser Stufe vermeiden, indem Missverständnisse aufgeklärt oder zusätzliche Informationen gegeben werden. Eine Klärung auf dieser Ebene würde folgendermaßen aussehen:

Person 1	Person 2
»Immer bist du unpünktlich!«	»Was meinst du mit unpünktlich?«
»Wir haben 18:00 Uhr ausgemacht und es ist jetzt 18:30 Uhr!«	»Ich hatte dir heute Nachmittag eine SMS geschrieben, dass ich erst um halb sieben kann. Hast du die nicht bekommen?«
»Nein, ich habe mein Handy zu Hause vergessen.«	

Die Formulierung einer objektiven Beobachtung stellt nicht immer sicher, dass der andere sie nicht trotzdem als Kritik versteht. Vielleicht haben Sie auch schon die Erfahrung gemacht, dass Sätze wie »Du fährst 150 km/h, es sind aber nur 120 erlaubt« oder »Dein Bauchumfang hat seit letztem Sommer um 5 cm zugenommen« zu Reaktionen führen, die nahelegen, dass Ihr Gegenüber glaubt, kritisiert zu werden. Solange er Ihrer Beobachtung nicht zustimmt, macht es wenig Sinn, darüber hinwegzugehen und weitere Schritte zu formulieren. Die Wahrscheinlichkeit ist einfach zu gering, gehört zu werden. Vorher ist es dann eher hilfreich, die Wahrnehmung des anderen zu hören, empathisch nachzufragen, was bei der anderen Person jetzt los ist oder dringend die Absicht zu klären, mit der Sie diese Sätze gesagt haben. Manche an sich objektiven Wahrnehmungen treten ansonsten ganze Lawinen an kritischen Gedanken oder Worten los.

Die Benennung einer Beobachtung dient im Wesentlichen der Schaffung einer gemeinsamen Basis, damit alle wissen, worüber sie eigentlich reden. Wir benennen ein konkret beobachtbares Verhalten, um die Chance zu erhöhen, verstanden zu werden – denn wir wollen dem anderen noch sagen, was in uns lebendig ist: unsere Gefühle und Bedürfnisse.

Das Gefühl

Wenn wir uns selbst verstehen oder von anderen verstanden werden wollen, macht es Sinn, genauer hinzuschauen, was »verstehen« eigentlich bedeutet. »Verstehen« kann bedeuten, dass jemand Meinungen oder Fakten gehört und akzeptiert hat: »Haben Sie die Regeln verstanden?«, »Verstehst du, dass 1+1 gleich 2 ist?«

Im Zusammenhang mit der Gewaltfreien Kommunikation bedeutet »Verstehen«, dass wir herausfinden, was uns wirklich wichtig ist, was uns bewegt, motiviert oder uns bremst. Wir suchen den Kontakt zwischen Menschen und deshalb suchen wir das, was in uns lebendig ist.

Auf dieser Suche gibt es Indikatoren, die uns anzeigen, inwieweit wir das, was wir brauchen, schon haben oder es noch ersehnen. Diese Aufgabe übernehmen unsere Gefühle. Wir können sie körperlich spüren. Sie fühlen sich warm oder kalt an, eng oder leicht und sie entlocken uns Tränen oder ein Lächeln. Sofern wir dies zulassen, zeigen wir nonverbal unsere Gefühle, indem wir lachen, weinen, wütend stampfen, zornige Grimassen schneiden, angeekelt die Nase rümpfen oder glücklich lächeln. Wir verfügen über eine schier unendliche Zahl an Gesten und Mimiken, Tonlagen und Lautstärken, um anderen zu verdeutlichen, was wir fühlen. Wörter sind ein weiteres Mittel, damit wir in dieser Weise verstanden werden können. Manchmal sind sie notwendig, um Fehlinterpretationen vorzubeugen: »Ich weine vor Glück und nicht, weil ich traurig bin!« Manchmal sind sie aber auch viel zu klein, um zu beschreiben, was jemand gerade fühlt: »Ich bin verliebt!«

Wenn wir verstanden werden wollen, macht es also Sinn, dem anderen zu zeigen, was er verstehen soll, im Sinne von: »Schau her, ich sage dir und zeige dir jetzt, wie ich mich fühle, weil sich meine Bedürfnisse erfüllt haben oder weil sie hungrig sind. Meine wohligen Gefühle bedeuten:

Wichtige Bedürfnisse sind erfüllt. Meine schmerzhaften Gefühle bedeuten: Wichtige Bedürfnisse sind unerfüllt.«

Normalerweise sind wir es nicht gewohnt, in dieser natürlichen Weise miteinander umzugehen. Wir sind eher gewohnt, unsere Gefühle zu verstecken, gerade dann, wenn sie Ausdruck unerfüllter Bedürfnisse sind. Selbst dann, wenn sich unsere Bedürfnisse erfüllt haben, äußern wir meist nicht mehr als ein »gut« auf die Frage: »Wie geht es dir?« Um wirklich verstanden zu werden, ist das wenig – um zu verstehen, genauso.

GEFÜHL ODER GEDANKE?

Häufig benennen wir etwas als ein Gefühl, das eigentlich wenig über unsere Emotionen ausdrückt, sondern vielmehr über Gedanken, die wir über andere Menschen oder Dinge haben: »Ich fühl mich hintergangen«, »Ich fühl mich in die Ecke gedrängt«, »Ich hab das Gefühl, dass der F.C. Bayern dieses Jahr wieder Meister wird!« Selbstverständlich sind auch diese Äußerungen Ausdruck erfüllter oder unerfüllter Bedürfnisse, sie sind jedoch nur schwer als solche zu verstehen, da unser Gegenüber sie eher als Angriff, Rechtfertigung oder Meinung denn als Gefühl hört. Hier kann ich mich fragen: Wie fühlt sich das an, wenn ich denke, dass ich ausgenutzt werde? Wo im Körper sitzt dieses Gefühl? Bin ich vielleicht müde oder erschöpft?

Wenn wir über Gefühle sprechen, erleben wir gelegentlich, dass Teilnehmer an unseren Kursen mit starkem Widerstand und Ängsten reagieren. Aussagen wie »Wenn ich meinem Gegenüber meine Gefühle nenne, ist das Manipulation!« begegnen uns. Was steckt dahinter? Vielleicht die Erfahrung, dass Menschen suggeriert wird, sie seien verantwortlich oder schuld an dem Gefühl eines anderen. »Papa ist traurig, weil du dein Zimmer nicht aufgeräumt hast!«, »Ich bin enttäuscht, weil du zu spät gekommen bist.«

Auch wir sind der Meinung, dass in dieser Form der Verwendung von Gefühlen (»Ich bin …, weil du …«) eine Möglichkeit der Manipulation besteht, indem die Verantwortung für die eigenen Gefühle auf das Kind übertragen wird. Vor dieser Falle können wir uns mit der Frage nach unserer Absicht schützen: Möchte ich dem anderen gerade die Schuld an meiner Misere geben oder geht es mir darum, verstanden zu werden? Rein »technisch« verschieben wir den Grund, also das Wörtchen »weil« von der Beobachtung hin zum Bedürfnis. Aus »Ich bin …, weil du …« wird »Ich bin…, weil ich … brauche.« Damit wandelt sich die Beobachtung von der Ursache zum Auslöser. Grund meines Gefühls ist also mein unerfülltes Bedürfnis, nicht das, was der andere getan oder nicht getan hat.

Beobachtung als Ursache	**Beobachtung als Auslöser**
»Ich bin frustriert, *weil der Kindergarten* heute bereits um 14:00 Uhr schließt.«	»Der Kindergarten schließt heute bereits um 14:00 Uhr und ich bin frustriert, *weil ich* mehr Zeit für mich brauche.«
»Papa ist traurig, *weil du* dein Zimmer nicht aufgeräumt hast!«	»Als du dein Zimmer nicht aufgeräumt hast, war ich frustriert, *weil mir* Absprachen wichtig sind.«
»Ich bin enttäuscht, *weil du* 20 Minuten nach der verabredeten Zeit gekommen bist.«	»Als du 20 Minuten nach der verabredeten Zeit gekommen bist, war ich enttäuscht, *weil mir* Zuverlässigkeit wichtig ist.«
»Du hast mich sehr verletzt, *als du* mich abgewiesen hast.«	»Als du zu mir gesagt hast, du willst den Bericht fertigschreiben, war ich verletzt, *weil mir* Nähe und Gemeinsamkeit wichtig sind.«

Durch diese Verschiebung übernehmen wir die Verantwortung für unsere Gefühle. Für mich ist das eine der wertvollsten Einsichten, die ich durch die GfK gewonnen habe: Der Grund meiner Gefühle liegt allein in mir – in meinen Bedürfnissen. Das Verhalten eines anderen kann allenfalls ein Auslöser sein, niemals jedoch die Ursache. Mein Gefühl ist Indikator meiner erfüllten oder nicht erfüllten Bedürfnisse.

Das Bedürfnis

Die Bedürfnisse stehen im Mittelpunkt der Gewaltfreien Kommunikation. Sie gelten als unsere Triebfeder, als Motor, der uns antreibt. Wir gehen davon aus, dass *alles, was wir tun, letztlich der Erfüllung hungriger Bedürfnisse dient*, selbst dann, wenn unsere Handlungsweisen scheinbar konträr dazu sind. So kann es sein, dass ein Kind, das immer wieder die Sandburg von anderen Kindern kaputt macht, eigentlich gerade ein großes Bedürfnis nach Mitspielen/Zugehörigkeit hat, es aber in dem Glaubenssatz hängen bleibt: »Die lassen mich ja eh nicht mitspielen« – und das tut richtig weh! Die schönste und beste Form, die dem Kind gerade zur Verfügung steht, um diesen Schmerz auszudrücken, ist eben die, die Burgen der anderen zu zerstören. Tragisch, nicht wahr? Die Wahrscheinlichkeit, dass es durch dieses Verhalten verstanden und dazugehören wird, ist eher gering. Erfolgreicher könnte sein, wenn die anderen erfahren, was wirklich los ist, nämlich: »Ich bin einsam und würde so gerne mitspielen.«

In unserer Definition verstehen wir Bedürfnisse als universell. Wir gehen davon aus, dass alle Menschen auf dieser Welt die gleichen Bedürfnisse haben. Wir benennen unsere Bedürfnisse, um unsere Chance zu erhöhen, verstanden zu werden.

Nehmen wir beispielsweise das Bedürfnis nach Zugehörigkeit: Mit diesen Kindern zusammen eine Sandburg zu bauen ist ein Weg, um dieses Bedürfnis zu erfüllen – im Moment wahrscheinlich der Lieblingsweg –, aber er ist nicht der einzige. Das Kind könnte beispielsweise auch mit anderen Fangen spielen. Es gibt immer verschiedene Wege, um ein aktuelles Bedürfnis zu erfüllen.

Nach unserer Auffassung entstehen Konflikte daher nicht auf der Ebene unserer Bedürfnisse. Selbst dann nicht, wenn diese widersprüchlich erscheinen: Die Mutter braucht Ruhe vom Stress, das Kind will spielen. Solange wir unsere Bedürfnisse mit konkreten Vorstellungen verknüpfen, ist es schwierig, beiden Seiten gerecht zu werden. Unter Ruhe versteht die

Laut Marshall Rosenberg lassen sich menschliche Bedürfnisse in sieben große

VERBINDUNG		AUFRICHTIGKEIT	SPIEL
Anerkennung	Vertrauen	Authentizität	Freude
Begleitung	Wärme	Integrität (meine Werte stimmen mit meinen Handlungen überein)	Humor
Beständigkeit	Zugehörigkeit	Präsenz	
Empathie	Zuneigung		
Geborgenheit	Zur Bereicherung des Lebens beitragen		
Gegenseitigkeit	Zusammenarbeit		
Gemeinsamkeit			
Intimität			
Kommunikation			
Liebe			
Mitgefühl			
Nähe			
Respekt/Selbstrespekt			
Rücksichtnahme			
Schutz (emotionaler)			
Sehen und Gesehen werden			
Sicherheit (emotionale)			
Stabilität			
Unterstützung			
Wertschätzung			
Verstehen und verstanden werden			

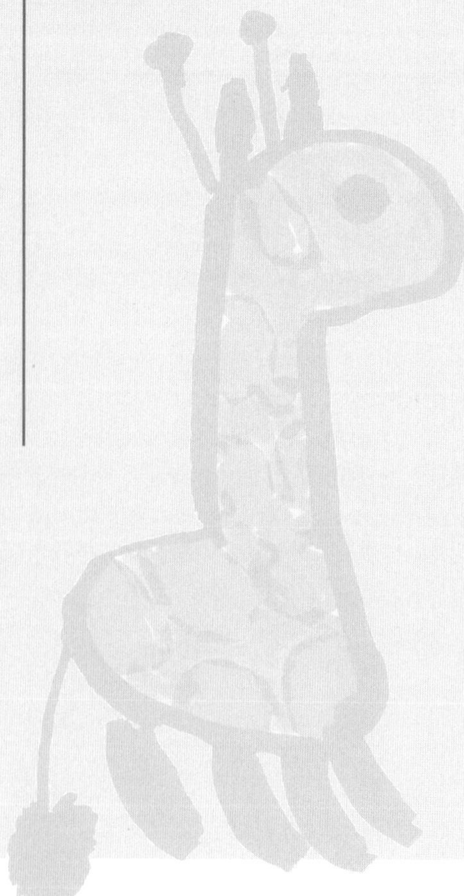

Kategorien unterteilen. Hier eine Auswahl an Bedürfnissen:[3]

FRIEDE	PHYSISCHES WOHLBEFINDEN	SINNHAFTIGKEIT	AUTONOMIE
Gemeinschaft Gleichwertigkeit Harmonie Inspiration Leichtigkeit Ordnung Ruhe Schönheit	Bewegung Entspannung Körperkontakt Luft Nahrung Sexualität Sicherheit (physische) Schutz (physischer) Wasser	Absicht Achtsamkeit Anregung Beitragen können Bewusstheit Effektivität Effizienz Feiern und Bedauern Gewissenhaftigkeit Hoffnung Klarheit Kompetenz Kreativität Lernen Selbstentfaltung Spiritualität Stimulation Teilnahme Von Bedeutung sein Verständnis Wachstum	Freiheit Individualität Raum Spontaneität Unabhängigkeit Wahlfreiheit

Mutter vielleicht, dass sie auf der Couch gemütlich ein Buch liest, und das Kind versteht unter Spielen, dass Dinosaurier im Wohnzimmer gegeneinander kämpfen. Dies ist aber jeweils nur eine Möglichkeit, Ruhe und Spiel zu bekommen. Die beiden könnten auch in verschiedene Räume gehen, sie könnten gemeinsam Drachen steigen lassen, einen Waldspaziergang machen …

Wenn wir mit all unserem Verhalten auf unsere Bedürfniserfüllung abzielen, werden wir dann nicht zu Egoisten? Ja und nein!

Ja, denn die Ich-Bezogenheit und die Eigenliebe ist nach unserem Verständnis der Gewaltfreien Kommunikation eine Grundvoraussetzung für den Altruismus, die Bezogenheit auf das Gemeinwohl und die Nächstenliebe. Erst wenn ich meine Bedürfnisse wahrnehme und beachte, habe ich auf Dauer Kraft, um mich um die Bedürfnisse anderer zu kümmern.

Nein, denn die Bedürfnisse selbst sind nicht verbunden mit einer einzelnen Person, also auch nicht mit mir, sondern mit der Menschheit und dem Universellen. Mein Bedürfnis nach Frieden und Schutz ist erst dann wirklich erfüllt, wenn es überall auf der Welt Frieden und Schutz gibt.

Eines der wichtigsten Bedürfnisse, das wir alle haben, ist, zum Wohlergehen anderer Menschen beizutragen. Wäre dies nicht so, würden wir keine Kinder großziehen und den Kontakt zu unseren Eltern aufgeben. Wir würden fremden Menschen nicht die Tür aufhalten, älteren Menschen keinen Platz im Bus anbieten, es gäbe keine Gemäldeausstellung oder Musikveranstaltungen. Niemand wäre Lehrer, Ärztin, Polizist, Erzieherin, Hebamme, Pfarrer usw. Auch ich würde dieses Buch nicht schreiben!

Und: Gibt es etwas Schöneres als ein Strahlen in den Augen eines Menschen zu sehen und zu wissen, dass ich einen Teil dazu beigetragen habe?

Die Bitte

Die Bitte ist unser Geschenk an die andere Person, um ihr die Möglichkeit zu geben, unser Leben zu bereichern. Dazu ist es für sie sehr hilfreich zu wissen, welchen Sinn das hat (indem ich ihr mein Bedürfnis nenne), wie wichtig mir das ist (indem ich mein Gefühl beschreibe), und vor allem, was genau sie jetzt tun kann. Anstatt zu sagen: »Iss anständig!« sage ich dann beispielsweise: »Du bist jetzt zweimal während des Essens aufgestanden und isst mit den Fingern. Ich merke, ich werde langsam sauer, weil ich das Essen genießen möchte. Setz dich bitte auf den Stuhl und benutze die Gabel. Ok?«

Bewährt haben sich dabei folgende Kriterien:

- Ich nenne eine Bitte, die zu meinem Bedürfnis passt. (Wenn ich ein Bedürfnis nach Ruhe im Supermarkt habe, hilft es mir wahrscheinlich wenig, dem Kind einen Apfel statt Gummibärchen anzubieten. Geeigneter könnte sein: »Geh doch bitte zu den Spielsachen und schau dich dort um. Bleib aber dort, bis ich dich hole.«)
- Sie ist konkret statt abstrakt (»Schau nach links und rechts und sage mir, ob ein Auto kommt« statt »Pass auf«).
- Sie ist positiv formuliert, d.h. ich sage, was ich will, anstatt was ich nicht will (»Bleib an meiner Hand« statt »Renn nicht über die Straße«).
- Sie ist jetzt erfüllbar (»Kannst du mir bitte jetzt sagen, was du machen willst, wenn der Junge dir wieder die Schaufel wegnimmt« statt »Kannst du bitte beim nächsten Mal erst mit ihm reden«).
- Sie ist offen für ein »Nein«.[4]

Solange ich meine Bitte als ein Geschenk sehe, fällt es mir auch leicht, offen zu sein für ein »Nein« der anderen Person. Mehr noch: Ich bin dankbar, wenn sie mir jetzt sagt, dass sie dieser Bitte nicht nachkommen will. Damit gibt sie mir die Möglichkeit, entweder andere Bitten oder andere Personen zu finden, an die ich meine Bitte richten kann. Mein Ziel besteht ja nicht darin, dass eine Person etwas Bestimmtes tut, sondern dass mein Bedürfnis erfüllt wird. Schlussendlich kann ich ja auch selbst Wege finden, wie ich mein Bedürfnis erfülle.

Hinter dem »Nein« der anderen Person können sich unterschiedliche Beweggründe verstecken:

- Meine Bitte wurde als Forderung verstanden. Vielleicht ist es sinnvoll, mich selbst daraufhin zu überprüfen bzw. meine Absicht zu erklären und dann nochmals zu bitten. Eventuell bin ich aber gar nicht bereit, ein »Nein« zu akzeptieren und die vermeintliche Bitte war auch als Forderung gemeint. In diesem Fall verzichte ich auf das Wort »bitte« und mache mich gefasst darauf, die gewaltfreie Ebene des Miteinanders zu verlassen.
- Meine Bitte wurde nicht verstanden (z.B. da sie nicht konkret genug war), der andere weiß also nicht, was ich will, und verhält sich dementsprechend. Dies wäre vergleichbar mit einem Vertrag, der auf chinesisch abgefasst ist. Egal, was darin steht, ich würde die Zustimmung verweigern, solange ich keine Klarheit über den Inhalt habe.
- Meine Bitte wurde zwar verstanden – der andere kann das, worum ich bitte, jedoch nicht tun. Hier fällt mir meine Tochter Marie ein, die ich heute Nachmittag gebeten habe, vor ihrer Turnstunde ihre Matheaufgabe fertig zu machen. Ihr »Nein« bedeutete eigentlich: »Ich kann die Aufgaben alleine nicht lösen.« (Ich wünschte mir, ich hätte in diesem Moment dieses Bewusstsein gehabt!)
- Der andere erfüllt sich gerade selbst ein dringendes Bedürfnis – sein »Nein« steht somit für ein »Ja« zu seinen eigenen Bedürfnissen. Gerade jetzt, wo ich dieses Buch schreibe, geschieht dies häufig. Die Kinder kommen und fragen: »Spielst du mit uns?« – und ich sage »Nein«, obwohl ich eigentlich meine: »Ich bin gerade so im Schreibfluss und möchte dranbleiben.«

Verständnisbitte und Beziehungsbitte

Manchmal erfüllen sich unsere Bedürfnisse, indem andere etwas tun. Wenn es uns in erster Linie darum geht, gehört/verstanden zu werden, halten wir es für hilfreich zu prüfen, ob das, was ich sagen wollte, auch tatsächlich angekommen ist. Schließlich habe ich das, was in mir vorgeht, in Worte verpackt, diese ausgesprochen und dabei auch noch jede Menge nonverbaler Signale gesendet. Und dann gibt es da noch mein Gegenüber – das kann gerade mit sich selbst so beschäftigt sein, dass sein »Aufnahmekanal«

mit einem Filter besetzt ist, oder es legt den Fokus seiner Aufmerksamkeit auf meinen wackelnden Fuß anstatt auf meine Worte. Bei derart vielen möglichen »Störquellen« wundert es mich gelegentlich, dass unsere Kommunikation so oft gelingt. (Tut sie das wirklich?) Um möglichen Missverständnissen vorzubeugen, empfehlen wir nachzufragen und dabei unsere Absicht deutlich zu machen: »Mir ist das, was ich sagen will, ganz wichtig, und ich möchte sichergehen, dass bei dir auch das ankommt, was ich sagen will. Magst du mir in deinen Worten sagen, was du gerade gehört hast?« Diese Art der Bitte nennen wir *Verständnisbitte*. Wie wichtig sie oft sein kann, zeigt das folgende Beispiel:

Ein befreundetes Ehepaar erzählte uns von Problemen, die es mit der Lehrerin ihrer Tochter hatte: »Wir haben ihr schon ein paar Mal erklärt, was wir uns so vorstellen, aber die macht es einfach nicht. Mit der kann man halt nicht reden. Da hilft GfK auch nichts.«

Spontan initiierten wir ein Rollenspiel, in dem der Mann der Lehrerin seine Wünsche mitteilen sollte. Sofort tat er dies mit allem diplomatischen Geschick, höflichen Umgangsformen und detaillierter, sachlicher Begründung seiner Vorstellungen. Die Lehrerin (gespielt von der Ehefrau) begegnete ihm daraufhin mit »Sturheit, Ablehnung und Verschlossenheit« – genau wie es der Ehemann prophezeit hatte und was er eben nicht verstehen konnte.

Um zu diesem Verständnis zu gelangen schlugen wie vor, die Lehrerin zu fragen, was sie von dem Gesagten eigentlich verstanden hatte. Das Ergebnis war erschütternd: »Inhaltlich nichts, nur dass er mir andauernd sagen möchte, dass ich einen schlechten Job mache, den er viel besser machen könnte.« Der Ehemann war baff. Es lag nicht in seiner Absicht, dies zu tun. Tatsächlich hielt er sehr viel von ihr, machte sich aber Sorgen um seine Tochter. Es verwundert nicht, dass eine Zusammenarbeit unmöglich ist, solange die Lehrerin das, was der Vater sagt, nur als Angriff und Bevormundung versteht.

Oft habe ich beobachtet, dass nachdem der andere gehört hat, was in mir lebendig ist, ich auch wissen will, wie es dem anderen damit geht und was bei ihm gerade los ist. An dieser Stelle formulieren wir die *Beziehungsbitte*, denn jetzt steht die Verbindung/Beziehung im Vordergrund: »Löst das, was ich sage, bei dir gerade etwas aus?«, »Kannst du damit etwas anfangen?«,

»Wie geht es dir, wenn du das hörst?«, »Und jetzt du!« Das ist die Einladung zum »Giraffentanz«, der dazu dient, zu verstehen und verstanden zu werden: ein Wechsel von Empathie, Selbstempathie und Aufrichtigkeit.

Die Schrittfolgen des »Giraffentanzes«

Um in diesem Tanz zu bleiben, verwenden wir Schrittfolgen, die wir auch als Prozess sehen. Wir machen uns auf die Suche nach dem, was uns wichtig ist (Selbstempathie), wir sagen dem anderen, was los ist und wie er unser Leben schöner machen kann (Aufrichtigkeit), und wir hören, was bei unserem Gegenüber los ist (Empathie).

Unter *Selbstempathie* verstehen wir einen inneren Prozess, in dem ich Klarheit darüber gewinne,

- was mir wichtig ist,
- worum es mir geht,
- was gerade bei mir los ist,
- was ich jetzt gerade brauche.

Ich nehme Kontakt zu mir auf, indem ich mir meiner Gefühle und Bedürfnisse bewusst werde. Ziel ist es, in einem weiteren Schritt nach Möglichkeiten zu suchen, wie ich mich dafür einsetzen kann, das, was ich brauche, zu bekommen.

Wenn etwas für uns »Unangenehmes« passiert, reagieren wir gewöhnlich zunächst mit Urteilen und Bewertungen. Diese können wir als »Übersetzungsgrundlage« nehmen, um zu unseren Bedürfnissen und Gefühlen zu gelangen.

Beispiel: Mein Kind weigert sich, die Jacke anzuziehen.

In meinem Kopf tauchen Urteile auf wie: »Das geht nicht, du wirst dich erkälten« oder »Nicht schon am frühen Morgen diese Diskussion« oder »Warum kannst du nicht einmal einfach das machen, was ich dir sage?«

Ich nehme diese Urteile als »Übersetzungsgrundlage« und stelle mir die Fragen: Worum geht es mir? Was ist mir wichtig?

Das, was ich brauche, was mir wichtig ist, findet sich meistens am Gegenpol meiner Urteile. Die Übersetzung des Urteils »Das geht nicht, du wirst dich erkälten« könnte lauten: »Ich möchte, dass du gesund bleibst, damit du spielen und Spaß haben kannst.«

»Nicht schon am frühen Morgen diese Diskussion« könnte übersetzt werden in: »Mir ist Leichtigkeit und Harmonie wichtig« oder in Kindersprache: »Ich mag es gerne, wenn morgens alles flutscht und es uns gut miteinander geht.«

»Warum kannst du nicht einmal einfach das machen, was ich dir sage?« könnte übersetzt werden in: »Ich möchte gerne in meiner Absicht, in meinem Bemühen gehört und gesehen werden.« Das Wörtchen »Warum« steht oft für die Suche nach Verständnis – »Ich möchte gerne verstehen, was dich davon abhält, die Jacke anzuziehen.«

Wenn ich alle meine »Urteile« übersetzt habe, bin ich schon ein wenig erleichtert. Jetzt habe ich mehr Klarheit. Und nun kann ich all meine Energie darauf verwenden, das zu bekommen, was ich brauche, statt mich in einen Machtkampf zu begeben, bei dem meistens beide verlieren. In unserem Beispiel stellt sich die Frage: »Was kann ich tun, damit meine Absicht nach Leichtigkeit, Harmonie und Gesundheit gehört wird und ich verstehen kann, was in dem Kind vorgeht?« Hier gibt es wieder diverse Strategien. Um gehört zu werden, ist es sinnvoll, dem anderen zu sagen, was in mir vorgeht. Und um zu verstehen, was bei ihm los ist, ist es hilfreich, ihn zu fragen.

In unserem Beispiel entscheiden wir uns dafür, dem anderen zu sagen, was in uns vorgeht, also für die *Aufrichtigkeit*. Ich überreiche dem anderen ein Geschenk, indem ich ihm die Möglichkeit gebe, etwas über mich zu erfahren und mir nahe zu sein. Ich spreche dabei über meine Bedürfnisse und Gefühle, benenne den Auslöser dafür und sage dem anderen schließlich in Form einer Bitte ganz konkret, was er tun kann, um mein Leben jetzt schöner zu machen. Der andere bleibt dabei in seiner Entscheidung, diese Bitte zu erfüllen, frei.

Um die Wahrscheinlichkeit zu erhöhen, Gehör zu finden, verwende ich wieder die vier Schritte:

Ich beschreibe die »reine« **Beobachtung** ohne Bewertung oder Interpretation: Was habe ich gehört? Was habe ich gesehen?
»Wenn du sagst: Ich mag die Jacke nicht anziehen ...«

Ich benenne das **Gefühl**, nicht die Bewertung:
»... bin ich besorgt ...«

Ich benenne das **Bedürfnis** – abstrakt und nicht an eine Person gebunden
»... weil ich gerne möchte, dass alle gesund bleiben.«

Ich formuliere eine **Verständnisbitte**, weil ich wissen möchte, ob meine Absicht angekommen ist:
»Kannst du mir bitte mit deinen Worten sagen, was du gehört hast?«

Vielleicht lautet die Antwort auf die Verständnisbitte so: » Du willst ja nur, dass ich die Jacke anziehe!« Eine hilfreiche Entgegnung darauf wäre: »Danke, dass du mir das gesagt hast – jetzt weiß ich, was bei dir angekommen ist.« Ich möchte mich an dieser Stelle beim Kind bedanken, weil es meine Bitte erfüllt hat: Es hat mir gesagt, was es verstanden hat. Nun habe ich die Möglichkeit zu prüfen, ob ich *wollte*, dass das ankommt. In unserem Beispiel möchte ich, dass meine Sorge um die Gesundheit gehört wird. Um die Jacke geht es nicht. Die Strategie, eine Jacke anzuziehen, ist eine unter vielen (mein Kind könnte auch zwei dicke Fleecepullis anziehen oder sich in eine Decke kuscheln, den Schneeanzug anziehen, ich könnte mit dem Auto vor die Tür fahren, es könnte drinnen bleiben ...).

Wenn ich also möchte, dass meine Absicht erkannt wird, formuliere ich eventuell in den vier Schritten: »Das ist nicht das, was ich sagen wollte. Ich versuche es noch einmal: Ich finde es draußen superkalt und ich möchte, dass dir warm ist, damit du gesund bleibst und Spaß haben und

DAUERT GFK WIRKLICH LÄNGER?

»Das dauert mir viel zu lang, jedes Mal mit meinem Kind über Selbstverständlichkeiten zu diskutieren. So viel Zeit habe ich nicht!«, hören wir von Eltern, die zum ersten Mal mit der Gewaltfreien Kommunikation in Berührung kommen. Genauso sehen wir das auch, solange das, was wir wollen, tatsächlich selbst-verständlich ist. Beispielsweise benutzen wir diese Formel nicht in einem solchen Fall: »Wenn ich sehe, dass der Salzstreuer bei dir steht und ich ihn nicht erreichen kann, bin ich hilflos und brauche Unterstützung. Kannst du mir bitte jetzt den Salzstreuer geben. Bist du damit einverstanden?« Stattdessen sagen wir: »Gib mir bitte das Salz.«

Viele Situationen sind weniger selbstverständlich – auch wenn wir das gerne anders hätten – und sie verbrauchen im Alltag vieler Familien immense Zeit. Dazu gehören all die Dinge, über die immer wieder gestritten wird, wie Anziehsachen, Fernsehzeiten, Süßigkeiten, Aufräumen usw. Die Diskussion wiederholt sich – täglich. »Jedes Mal endet es in Streit. Jedes Mal braucht es Ewigkeiten, bis wir beide uns wieder beruhigt haben. Mittlerweile weiß ich ja schon im Vorfeld, was mich erwartet. Ich bin dann schon auf hundertachtzig, bevor die Diskussion eigentlich losgeht.«

Unserer Erfahrung nach lohnt es sich, sich die Zeit zu nehmen, Dinge zu besprechen, die uns wichtig sind. Das Ziel kann sein, zur Stärkung der Beziehung, zur Leichtigkeit im Umgang miteinander, zum Spaß, zur gegenseitigen Unterstützung, zum gemeinsamen Lernen und Wachsen und zur gegenseitigen Wertschätzung beizutragen. Dabei wollen wir Wege finden, die dann möglichst auch beschritten werden, ohne dass wir zukünftig so viel Energie und Zeit auf Kontrolle, Zwang und Diskussion verwenden müssen.

spielen kannst. Könntest du mir jetzt noch mal sagen, was bei dir angekommen ist?« Diesen Vorgang wiederhole ich, bis das Kind mir mein Bedürfnis nennt. Vielleicht sagt es: »Du machst dir Sorgen, dass ich krank werde.« Dann wüsste ich gerne, wie es dem Kind damit geht, also frage ich: »Und was meinst du dazu? Ist dir das auch wichtig?« »Ja, ich mag gerne spielen und Spaß haben, aber die Jacke ist so eng am Hals, da kratzt sie!« »Oh, das ist bestimmt doof, wenn das so eng ist und kratzt. Hast du eine Idee, was wir tun können, damit dir warm ist und es nicht kratzt?«

An dieser Stelle haben wir die Erfahrung gemacht, dass Kinder unglaublich kreativ sind. »Ich könnte den Reißverschluss oben offen lassen und einen weichen Schal anziehen.« Vielleicht geht es dann auch noch weiter: »Und außerdem ist die Jacke rosa und der Gregor hat mich ausgelacht und zu mir gesagt: ›Du Rosane‹ und das war gemein.« Wie könnte das Gespräch auf Basis von Empathie, Selbstempathie und Aufrichtigkeit weiter verlaufen? Welche Gefühle und Bedürfnisse hat das Kind, welche die Mutter? Welche Möglichkeiten ergeben sich daraus? Vielleicht lenken wir ja sogar den Blick darauf, worum es Gregor eigentlich geht …

Empathie bedeutet, einen Kontakt herzustellen zu dem, was die andere Person gerade bewegt. Ziel ist, etwas über die Gefühle und Bedürfnisse des anderen zu erfahren. Wir zeigen dem anderen, dass wir für ihn offen und präsent sind und ihn verstehen – auch wenn wir nicht unbedingt einverstanden sind mit der Art, wie er seine Bedürfnisse erfüllen möchte. Mein Gegenüber fühlt sich angenommen, geborgen – zu Hause. Die Aufmerksamkeit liegt ganz beim anderen. Ich halte mich mit meiner ganzen Person zurück.

Zum Zuhören gehört als Erstes, dass ich still bin und mein Gegenüber reden lasse. Wenn der andere nicht weiterredet, kann ich das Gesagte wiederholen. Um wirklich mit ihm verbunden zu sein, ihm nahe zu sein, ist es hilfreich, seine Bedürfnisse und Gefühle zu kennen. Diese kann ich still für mich oder auch laut vermuten (»Bist du …, weil du …?«) oder erfragen.

Feiern und Bedauern

Feiern spielt für uns eine zentrale Rolle im Alltag. Wir feiern gemeinsam mit den Kindern all das, was unser Leben bereichert hat, was uns Spaß gemacht hat, was wir erreicht und was wir zusammen erlebt haben. Wir feiern, dass sich unsere Bedürfnisse erfüllt haben:

»Ich feiere, dass wir heute Nachmittag zusammen Plätzchen gebacken haben, weil ich da so viel Spaß hatte!«

»Ich feiere, dass wir heute zusammen dein Zimmer ausgemistet und aufgeräumt haben, weil du jetzt endlich wieder Platz zum Spielen hast und etwas findest und ich Ordnung habe.«

Feiern schenkt uns Kraft und Energie. Marshall Rosenberg meint dazu: »Angesichts des enormen Ausmaßes an gesellschaftlicher Veränderung, der wir gegenüberstehen – Veränderung, die wir gerne erleben möchten –, gibt es eine Möglichkeit, von der ich vorhersage, dass sie uns die größtmögliche Hoffnung und Kraft schenken wird, die uns zu den Veränderungen befähigen: Sorgen wir dafür, dass wir lernen zu feiern. Bauen wir das Feiern in unser tägliches Leben ein und handeln wir aus dieser Energie heraus. Das steht an erster Stelle. Andernfalls werden wir überwältigt von der schieren Größe der Probleme. Aus dem Geist des Feierns heraus werden wir nach meiner Erfahrung die Energie aufbringen, um das zu tun, was nötig ist, um die Gesellschaft zu verändern«[5]

»Feiern geht, wenn man sagt, wie schön der Tag war, dass die anderen dann wissen, wie schön es für mich ist.«

ELIA mit 6 Jahren

Neben den vielen schönen Momenten gibt es natürlich auch Bedürfnisse, die sich nicht erfüllt haben. Auch die wollen gehört werden, indem wir bedauern: »Ich bedaure, dass es heute den ganzen Tag geregnet hat und wir nicht baden gehen konnten. Schade, weil ich so gerne Dinge tue, die uns allen Freude bereiten«, »Ich bedaure, dass ich dich heute angeschrien habe, weil ich mit Menschen, die ich lieb habe, gerne liebevoll umgehen möchte.«

»Bedauern ist, wenn man sagt, was einem am Tag nicht so toll gefallen hat, weil man es mit den anderen teilen will. Danach geht's mir besser.«

MARIE mit 9 Jahren

Wie nahe Feiern und Bedauern beieinanderliegen, zeigt sich, indem ich mir beide Seiten der Medaille ansehe. Das kann sich so anhören:

»Ich feiere, dass ich heute den ganzen Tag an meinem Buch gearbeitet habe, weil ich dadurch ganz viel geschafft habe und Erleichterung spüre. Gleichzeitig bedaure ich, dass wir im Haus gesessen sind, obwohl die Sonne schien. Ich vermisse die Freiheit und die Lebendigkeit«

»Ich bedaure, dass wir uns heute gestritten und dann nicht mehr angeschaut haben, weil mir Nähe und Verständnis so wichtig sind. Ich feiere jetzt, dass wir jetzt zusammensitzen und reden. Damit habe ich Nähe und Verständnis.«

Die Absicht hinter dem Feiern und Bedauern liegt darin, dem Kind (meinem Partner etc.) etwas von meiner Welt zu zeigen. Es geht nicht um

Lob oder Kritik. Ich möchte dem Kind nicht sagen, was es »richtig« oder »falsch« gemacht hat. Ich rede von mir, von meinen Gefühlen und Bedürfnissen. Für Kinder kann das eine wichtige Orientierung sein, um zu lernen, wie ein bestimmtes Verhalten oder bestimmte Situationen auf mich wirken, was dadurch ausgelöst werden kann. Ich zeige dem Kind, wie es mein Leben bereichert hat, und bin dabei sehr darauf bedacht, ihm die Entscheidung zu lassen, dies wieder zu tun.

»Feiern und Bedauern« kann zu einem abendlichen Ritual werden, beim Abendessen oder beim Zubettgehen. Es ist eine Reflexion des Tages, ein Aufarbeiten offener Themen und ein Verstehen, was Kinder und Eltern bewegt. Manchmal erfahren wir, dass eine Kleinigkeit für uns ein großer Brocken für die Kinder ist und dass manches noch geklärt werden will, bevor alle ruhig schlafen können.

Ich erinnere mich an meine Kindheit, als wir abends gebetet haben und dabei in ähnlicher Weise die Geschehnisse des Tages gefeiert oder bedauert haben. Später habe ich Tagebuch geschrieben, um so zu reflektieren, und heute freue ich mich darauf, abends, wenn die Kinder im Bett sind, mit Gundi ausführlich zu feiern und zu bedauern. Marshall Rosenberg empfiehlt ein »Celebrations Book«, in dem wir täglich unser Feiern und Bedauern ausdrücken können.

Gewaltfreie Kommunikation mit Kindern

Wenn wir uns in Elternkursen mit dem Thema auseinandersetzen, wie die Beziehung zu den Kindern auf Basis der Gewaltfreien Kommunikation aussehen kann, kommen regelmäßig Fragen auf, denen ich im Folgenden nachgehen möchte.

Ab welchem Alter funktioniert die GfK?

Bereits die Antwort auf diese erste Frage beginnt mit einer herben Enttäuschung: *Nie!* Zumindest nicht, solange mit *funktionieren* gemeint ist: »Ab welchem Alter macht mein Kind das, was ich will, wenn ich es mit GfK anspreche?« oder »Ab welchem Alter wird sich mein Kind immer giraffisch ausdrücken, damit ich es verstehe?« Die Gewaltfreie Kommunikation will kein Mittel zur Dressur sein und ist deshalb ungeeignet, Kinder zum »Funktionieren« zu bringen.

Wenn wir die Frage umformulieren, finden wir eher eine befriedigende Antwort: »Ab welchem Alter können Kinder ihre Gefühle und Bedürfnisse äußern und die anderer Menschen verstehen?« Die Antwort auf diese Frage basiert nicht auf wissenschaftlichem Hintergrund oder wissenschaftlicher Forschung, sondern auf persönlichen Erfahrungen: *von Geburt an!*

Babys drücken ihre Gefühle und Bedürfnisse aus, indem sie lächeln, glucksen, weinen … Eltern erkennen oft an Nuancen im Schreien, ob das Baby Hunger hat, ihm kalt ist, es Gesellschaft oder Nähe sucht oder ob die Hose voll ist. Im Lauf der Zeit werden seine Bedürfnisse differenzierter und das Kind lernt, dass die Bedürfniserfüllung umso erfolgreicher wird, je klarer es ausdrückt, was es gerade will. Vielleicht ist das der Grund, warum Menschen überhaupt sprechen lernen: Sprache kann ein sehr hilfreiches Mittel sein, um verstanden zu werden.

Ich bin …
Ich fühle mich …

Einige Anregungen aus dem reichhaltigen deutschen Wortschatz, um auszudrücken, dass meine Bedürfnisse erfüllt sind …[6]

matt überlastet verdrossen niedergedrückt
ärgerlich angespannt misstrauisch herausgefordert
gehemmt unruhig lustlos unsicher rachsüchtig düster
sorgenvoll stinkig schuldbewusst verlegen zornig
mutlos lethargisch feindselig neidisch
unglücklich ungeduldig irritiert konfus
kalt melancholisch pessimistisch frustriert
bestürzt skeptisch hilflos durcheinander
miserabel alarmiert bitter sauer ratlos besorgt
aufgewühlt gleichgültig deprimiert nervös verzagt
entsetzt desinteressiert verloren einsam
atemlos furchtsam schamvoll apathisch
niedergeschlagen schlaff böse verzweifelt
erschöpft voller Hass passiv überwältigt
betrübt perplex kleinmütig wütend
krank kummervoll abwesend ängstlich
entmutigt voll Abscheu müde
enttäuscht erschreckt traurig
träge kribbelig
elend

Ich bin …
Ich fühle mich …

… oder dass meine Bedürfnisse nicht erfüllt sind.

Das Kind lernt all das, was in ihm lebendig ist, in Worte zu packen, die es von anderen hört. Es lernt: »Aha, wenn ich weine, nennt Mama es ›traurig‹, wenn ich lache, nennt sie es ›fröhlich‹, wenn ich gähne, mir die Augen zufallen und ich mich am Kopf kratze, nennt sie es ›müde‹ – dann nenne ich es eben auch so.« Es lernt Worte am Vorbild. Wenn also Kinder von Anfang an in einer Umgebung aufwachsen, in der Gefühls- und Bedürfnisbegriffe zum üblichen Wortschatz gehören, wird das Kind diese auch sinngemäß lernen.

Mit welchen Worten antworten Sie normalerweise auf die Frage »Wie geht's dir?«? Benutzen Sie auch, wie die meisten uns bekannten Erwachsenen, Umschreibungen wie: »Gut«, »Passt schon«, »Nicht gut«, »Es könnte besser sein« oder sind Sie sogar so mutig, manchmal zu sagen: »Es geht mir schlecht«? Um die ganze Vielfalt des Innenlebens unserer Mitmenschen zu verstehen oder um selbst vollständig verstanden zu werden, wäre es hilfreicher, ausdrucksstärkere Gefühlsworte zu benutzen.

Ab welchem Alter der Kinder kann ich aufrichtig sein?

Ich kann mich an einige Situationen erinnern (und die sind nicht allzu lang her), die nach folgendem Muster verlaufen sind: Wir sitzen beim Abendessen und haben Freunde zu Gast. Elia und Marie plappern dazwischen, kleckern, essen mit den Fingern, wischen sich fettige Finger an der Hose ab … Ich merke, wie ich zunehmend sauer werde, lächle aber dennoch und unterhalte mich weiter mit den Freunden. Plötzlich fällt eine Gabel runter und ich explodiere. Dies war der berühmte Tropfen, der das Fass überlaufen ließ. Ich bin stinksauer und motze die Kinder an. Elia weint und Marie setzt noch eins drauf: »Siehst du, jetzt ist Papa sauer, weil du die Gabel runtergeschmissen hast!« – Hab ich jetzt, was ich will? Wohl kaum.

Aufrichtigkeit ist eine Form, wie ich meinem Kind Orientierung geben kann, damit es erfährt, dass andere Menschen auch Gefühle und Bedürfnisse haben. Wenn ich dies tue, möchte ich dabei so echt wie möglich sein, d.h. meine momentane Befindlichkeit stimmt damit überein, was und wie ich es sage. Ich lächle also nicht, wenn mich etwas langsam anfängt zu nerven. Ich warte auch nicht, bis ich platze, und zeige mich erst dann in voller Größe. Ich habe schon zu oft die Erfahrung gemacht, dass ich in solchen Momenten wenig Bereitschaft für konstruktive Beiträge habe und vieles sage, was nicht wirklich zielführend ist. Selbst wenn die Kinder dann im Moment ruhig sind, haben sie nur gelernt, dass Gabeln runterzuschmeißen den Papa sauer macht. Sie kennen meine Beweggründe nicht, fühlen sich schuldig und wissen wenig darüber, was sie beim nächsten Mal anders machen können. Ein aufrichtiger Umgang kann sich z.B. folgendermaßen anhören: »Wenn ihr in dieser Lautstärke redet, während wir uns gerade unterhalten, strengt mich das an, weil ich das, was Peter gerade erzählt, spannend finde, ich es aber nicht verstehe. Könnt ihr bitte leiser reden oder warten, bis er fertig ist?«

Eine andere Möglichkeit: Wenn die Kinder sich in einer Weise verhalten, die ich anstrengend finde, kann ich mich auch empathisch mit deren Gefühlen und Bedürfnissen verbinden. Allerdings bin ich dazu oft nicht sofort bereit. Ich brauche zuerst selbst etwas. Ich habe gute Erfahrungen damit gemacht, mich kurz empathisch damit zu verbinden, was *ich* brauche, bevor ich mich um die Kinder kümmere. Meist geht das sehr schnell und ich kombiniere es mit dem Ritual »Dreimal tief durchatmen«. Bedürfnisse wollen meist nur gehört werden, also bin auch ich selbst ein geeigneter Kanal dazu, meine eigenen zu hören. Danach bin ich wesentlich kraftvoller und damit dann auch offener für die Bedürfnisse der Kinder.

Eltern als Lotsen und Spiegel

Das Kind durchläuft im Kindergartenalter eine Entwicklungsphase, in der es erfährt: Hier bin ich und da draußen sind auch noch andere. Es entwickelt ein Selbstbild, erkennt seine Grenzen und die der anderen – es findet seinen Platz in der Welt. Dabei erlangt es Fähigkeiten, mit denen es seine Umwelt aktiv gestalten kann, erlebt sich in einer sozialen Gemeinschaft und erfährt, wie Menschen sich gegenseitig beeinflussen.

Wenn wir zu dieser Entwicklung einen Beitrag leisten wollen, können wir ihm Unterstützung und Feedback anbieten, als Lotse und als Spiegel. Wir können dem Kind zeigen, welche Wege wir als hilfreich oder störend erachten. Wir können Barrieren wegschaffen oder Schutzzäune errichten.

Wir können voraus, neben ihm oder hinterher laufen. Laufen kann das Kind selbst – Schritt für Schritt. Was es dazu braucht, ist eine Rückmeldung darüber, wie sein Verhalten bei anderen Menschen ankommt, welche Wirkung es hat. Wir sagen dem Kind aufrichtig, welche Gefühle und Bedürfnisse sein Verhalten bei uns auslöst.

Um auf die ursprüngliche Frage zurückzukommen, ab welchem Alter wir empfehlen, gewaltfrei zu kommunizieren, möchte ich noch Folgendes ergänzen:

Gewaltfreie Kommunikation passiert nicht vorrangig auf verbaler Ebene. Die vier Schritte sind ein *Hilfsmittel* für das Verständnis, sie sind nicht die Gewaltfreie Kommunikation selbst. Diese zeigt sich in der inneren Haltung und der engen Verbindung mit dem, was mir und dem anderen wirklich wichtig ist. Derartig verbunden kommuniziere ich mit meinem Kind eindeutig (kongruent) auf allen mir zur Verfügung stehenden Kanälen. Damit kann mich das Kind verstehen, selbst wenn es mit meinen Worten noch nichts anfangen kann. Genauso brauche ich auch keine Worte, um bei Babys zu erkennen, wie sie sich fühlen oder was sie brauchen. Sie lächeln oder weinen. Somit lautet die Antwort: in jedem Alter!

Wir glauben, dass die Gewaltfreie Kommunikation eine *natürliche* Sprache ist, die die Kinder von Beginn an – zumindest intuitiv – verstehen können. Wenn sie frühzeitig damit in Kontakt kommen, werden sie genügend Rüstzeug haben, um im »normalen« Umgang miteinander dennoch die Giraffenohren aufbehalten zu können.

Versteht das Kind meine Worte überhaupt?

Um verstanden zu werden, sind Worte hilfreich, aber nicht unbedingt nötig. Lächeln, kuscheln, schmusen, streicheln, spielen, lieb drücken, das alles sind Umgangsformen, die meist ohne Worte verstanden werden. Auch Empathie kann völlig ohne Worte auskommen, indem wir voll und ganz präsent sind. Sie ist eine Herzenshaltung. Die vier Schritte sind dabei nur ein Werkzeug, um zu verstehen: nicht das einzige, jedoch ein äußerst hilfreiches.

WELCHE WORTE KANN ICH BENUTZEN, DAMIT MEIN KIND MICH BESSER VERSTEHT?

Neben der Kongruenz der Aussage (also der Übereinstimmung von Inhalt und Ausdruck) ist es sicherlich hilfreich, Worte zu benutzen, die das Kind kennt und versteht. Hier sind einige Beispiele für Bedürfnisse in Kindersprache:

Autonomie

Ist dir wichtig, dass …
… du selbst sagen kannst, was gut für dich ist?
… du selber bestimmst, was du jetzt tun willst?
… die anderen das auch hören?
… du mitreden kannst?
… gesehen wird, dass du groß und stark bist und selber entscheiden kannst?
… und du möchtest gerne gefragt werden?
… und du hättest gerne, dass alle sehen, wie wichtig das gerade für dich ist?
… und du willst sicher sein, dass darauf geachtet wird, was du sagst?
… und du willst sicher sein, dass du zählst?

Verständnis

… und du möchtest, dass verstanden wird, was gerade in dir passiert/was dir gerade wichtig ist?
… und du hättest gerne, dass verstanden/gesehen wird, dass du es gut gemeint hast/dass du helfen wolltest/dass du gerade etwas Wichtiges gemacht hast?
… und da brauchst du jemanden, der dir zuhört?

Sicherheit – Geborgenheit – Vertrauen

… dass du weißt, dass alle es gut mit dir meinen?
… dass du gemocht wirst, auch wenn mal jemand mit dir

schimpft/du mal Quatsch gemacht hast/was gesagt oder getan hast, was für die anderen nicht so toll war?

Zugehörigkeit

... und für dich ist es so wichtig, dazuzugehören/mitzuspielen/dabei zu sein/wichtig zu sein?

Ruhe – Entspannung

... und da brauchst du 'ne Pause, um dich mal so richtig auszuruhen?

... und du willst mal ganz für dich alleine sein/spielen – ohne dass du jemand anderen fragen musst oder darauf achten, was der gerade will?

Hilfe – Unterstützung

... und da brauchst du Hilfe, weil du es gern schaffen möchtest?

... und da wäre es schön, wenn jemand dir zur Hand geht und dich unterstützt?

Trost – Nähe

... und da brauchst du jemand, der dich in den Arm nimmt, der dich festhält und dir zuhört, damit alles wieder gut wird?

Spiel – Spaß – Feiern

... und da würdest du gerne spielen und Spaß haben und fröhlich sein?

Fairness

... und dir ist wichtig, dass alle gleich behandelt werden?

Stark sein

... und es tut so gut, stark zu sein und groß und mutig und zu spüren, dass du ganz wichtig bist und was zu sagen hast und dass deine Stimme zählt?

Das Verständnis von Gefühls- und Bedürfnisworten wächst mit zunehmendem Spracherwerb. Sicherlich werden Sätze wie »Ich bin frustriert, weil mir Integrität wichtig ist« bei dreijährigen Kindern auf wenig Verständnis stoßen. (Den meisten Erwachsenen geht es da wahrscheinlich ähnlich.) Deshalb macht es Sinn, mit ihnen in einer Sprache zu sprechen, die sie verstehen, und Worte zu benutzen, die sie kennen und die für sie normal sind. (Auch da unterscheiden sie sich nicht von Erwachsenen.) Der Satz könnte also lauten: »Ich hab gar keine Lust mehr, so weiterzumachen, denn das, was ich tue, passt mit dem, wie ich es tun will, nicht zusammen.«

Unabhängig von der verbalen Sprache können wir im Kontakt mit Kindern deren Sensibilität für alles Nonverbale (Gestik, Mimik, Stimmlage, Lautstärke) nutzen. Der nonverbale Anteil der Kommunikation ist wesentlich größer als der verbale Anteil. Damit ist es auch dasjenige Element der Kommunikation, das am meisten dazu beiträgt, einander zu verstehen – oder es verhindert.

Wenn ich möchte, dass mein Kind mich versteht, verbinde ich mich also erst einmal damit, worum es mir eigentlich geht und wie ich mich fühle, und zeige es ihm dann mit meiner gesamten Kommunikation. Meine Aussage ist authentisch und kongruent, d.h. verbale und nonverbale Aussage stimmen überein. Wichtig erscheint mir dabei, dass wir diejenigen Gefühle zeigen, die mit unseren Bedürfnissen verbunden sind, weniger diejenigen, die mit unseren Gedanken und Bewertungen einhergehen. Solange ich im Ärger über den anderen oder in Scham, Schuld oder Depression verharre, solange meine Absicht darin besteht, den anderen bezahlen zu lassen, ihn leiden zu sehen oder bestrafen zu wollen, habe ich ein klares Indiz dafür, dass es hilfreich wäre, noch ein paar Selbstempathie-Runden zu drehen. Ich möchte damit mein Kind, unsere Beziehung und mich selbst schützen.

Bei einem gewaltfreien Gespräch geht es nicht darum, den Kindern die Schritte und die Abfolge der Gewaltfreien Kommunikation einzutrichtern. Kinder lernen am Modell der Erwachsenen, sie saugen das auf, was sie täglich erleben. Insgesamt ist ihnen die Giraffensprache sehr nahe und unsere Aufgabe besteht eher darin zu verhindern, dass sie die Wolfssprache lernen.

Konkret bedeutet dies, dass Eltern und Erzieherinnen sich die Giraffensprache zu eigen machen und sie in Konfliktsituationen anwenden,

Liebe Marie,
1. Ich möchte eine Regel machen. Sie lautet: Nicht mehr in das Zimmer etwas reinstellen, das nicht dem Besitzer gehört.
2. Ich will, dass Du bitte hochkommst, damit wir uns wieder mögen.
3. Wenn Du nicht kommen willst, finde ich es schade. Falls ich dann weine, ist das keine Erpressung, sondern ich bin traurig.

DEINE ELIA (Brief an Marie nach einem Streit)

wenn sie die Kinder um etwas bitten, um sie zu ermutigen oder wann immer es passt. Die Haltung dahinter lautet: »Ich bin ein Mensch, der fühlt und etwas braucht, und du bist es auch. Ich zähle und du zählst! Lass uns gemeinsam nach Wegen suchen, wie wir beide das bekommen, was uns wichtig ist.«

Hier ein paar Anregungen für den täglichen Umgang miteinander:

Tipps zur Beobachtung

Fragen Sie die Kinder, die einen Konflikt haben, zur Klärung des Sachverhaltes anstatt »Was ist passiert?« oder »Wer hat was gemacht?« lieber: »Was hast du gesehen?« oder »Was hast du gehört?«. Dies erhöht die Wahrscheinlichkeit, dass beide Parteien tatsächlich ihre Wahrnehmung schildern, statt eine Schuldzuweisung auszusprechen. Missverständnisse können eventuell bereits an dieser Stelle aufgeklärt werden.

Eine Frage, die eher eine Schuldzuweisung nach sich zieht:

ERZIEHERIN: »Was ist hier schon wieder passiert?«
KIND: »Der Peter ist total gemein, der hat angefangen!«

Eine Frage, die eher auf Beobachtungen abzielt:

ERZIEHERIN: »Was hast du gesehen?«
KIND: »Der Peter hat mir den Ball weggenommen!«

Tipps zu Gefühlen

Die Idee, wir seien verantwortlich für die Gefühle anderer, scheint in unserer Kultur tief verwurzelt zu sein. Das Muster »Ich bin traurig, weil du etwas gemacht hast!« verführt sehr zu dieser Annahme. Selbst kleine Kinder kennen dies bereits und sind damit vertraut mit den Gedanken von Schuld. Wenn wir selbst die Verantwortung für unsere Gefühle behalten und dem anderen keine Schuld zuweisen wollen, ist es hilfreich, möglichst schnell an das »weil« ein Bedürfnis zu hängen. Anstatt also zu sagen: »Du hast dich nicht an dein Versprechen gehalten. Jetzt ist Papa enttäuscht« (Pause, großer Seufzer, Stirnrunzeln, Blick zu Boden, theatralischer Abgang), habe ich gute Erfahrungen gemacht, wenn ich sage: »Du hast dich nicht an dein Versprechen gehalten. Ich bin enttäuscht, weil ich's gerne einfach gehabt hätte.« Dann noch schnell die Bitte: »Kannst du mir sagen, was los war, sodass du es nicht machen konntest?«

Tipps zu Bedürfnissen

Kleine Kinder sind ihren Bedürfnissen glücklicherweise sehr nahe, da sie noch nicht gelernt haben, sie aufgrund von Höflichkeit, Anstand oder Scham zu verstecken oder zu negieren. Dementsprechend können sie mit der Frage »Was brauchst du?« recht gut umgehen. Sie würden beispielsweise von sich aus eher selten auf die Idee kommen, sich vor der Antwort zu überlegen, was der andere dann wohl denkt oder fühlt, um anschließend diplomatisch zu antworten. Die einzige Schwierigkeit liegt in der begrenzten Fähigkeit der Kinder, sich verbal so verständlich zu machen, dass wir Erwachsene sie verstehen. Aus diesem Grund helfen wir ihnen und uns, indem wir ihnen etwas in ihrer Sprache anbieten und ihre Äußerungen dann in unsere Sprache übersetzen. Damit tragen wir zu ihrem Lernen bei und helfen ihnen, sich leichter in der Erwachsenenwelt zu bewegen. Schlussendlich erhöhen wir damit die Wahrscheinlichkeit, dass sie von uns Erwachsenen verstanden werden.

Nehmen wir an, das Kind will sich die Jacke nicht anziehen, obwohl die Erzieherin es darum gebeten hat.

ERZ.: »Was brauchst du, wenn du sagst, dass du die Jacke nicht anziehen willst?«

KIND: »Ich will nicht immer tun müssen, was andere sagen!«
ERZ.: »Möchtest du gefragt werden und selber entscheiden?«
KIND: »Ja!«
ERZ.: »O.k. Ich verstehe, dass dir ›gefragt werden‹ wichtig ist und ich nenne es *Respekt* und ›selber entscheiden‹ nenne ich *Selbstbestimmung*.«[7]

Tipps zu Bitten

Um die Wahrscheinlichkeit zu erhöhen, das, was wir gerade brauchen, auch zu bekommen, halten wir es für hilfreich, besonders auf zwei Dinge zu achten und die Kinder gegebenenfalls zu unterstützen:

Sagt das Kind, was es will oder was es nicht will?

KIND: »Ich will, dass der meine Sandburg nicht mehr kaputt macht.«
ERZ.: »O.k., du willst, dass er sie nicht kaputt macht. Was möchtest du, dass er stattdessen tut?«
KIND: »Dass er mich in Ruhe lässt!«

Ist die Bitte so konkret, dass der andere weiß, was er jetzt tun kann?

KIND: »Ich will, dass er mich in Ruhe lässt.«
ERZ.: »Was genau möchtest du, dass er tut, damit du deine Ruhe hast?«
KIND: »Kannst du deine eigene Burg da drüben bauen?«

»Erfolgreich« sind Bitten nicht nur, wenn sie erfüllt werden, sondern auch dann, wenn sie zwar abgelehnt werden, es aber danach andere Strategien gibt, die die Bedürfnisse erfüllen. Dementsprechend wollen wir unbedingt dazu ermutigen, auf Bitten mit einem aufrichtigen »Nein« zu antworten, wenn eigene Bedürfnisse entgegenstehen. Danach können Sie sich dann gemeinsam mit dem Kind auf die Suche nach Alternativen machen, z.B.: »Ich will es nicht so machen, sondern so!«, »Ich will es nicht machen, aber wir können ja gemeinsam … fragen!«, »Ich will es jetzt nicht machen, wie wär's nach dem Essen?« …

Wenn Kinder auf unsere Bitte hin ein »Nein« äußern, ist es oft hilfreich, zuerst einmal eine Verständnisbitte zu formulieren: »Kannst du mir sagen, was du gerade verstanden hast?« Häufig ist das »Nein« nur Ausdruck eines »Ich habe nicht verstanden, was du von mir willst« und keine Ablehnung der Bitte an sich. Dabei ist die Frage »Kannst du mir bitte sagen, was du verstanden hast?« zielführender als die Frage »Hast du mich verstanden?«.

Muss man immer »gewaltfrei« sein – oder darf man auch mal Grenzen setzen?

Es wäre sicher sehr angenehm auf der Welt, wenn jeder Mensch zu jeder Zeit mit seinen eigenen Gefühlen und Bedürfnissen und denen aller anderen verbunden wäre. Ich wollte, ich wäre auch jederzeit in dieser Kraft, wenn ich mit meiner Familie zusammen bin. Leider gelingt mir das nicht immer, vor allem dann nicht, wenn ich die Idee im Kopf habe, ich *muss* jetzt »giraffisch« sein.

Die Frage, die mich eher weiterführt, ist die, ob ich im Moment bereit bin, mich zu öffnen und auf den anderen einzugehen und ob mir die Verbindung jetzt wichtig ist. Falls »ja«, habe ich die Gewaltfreie Kommunikation als sehr hilfreich erlebt, selbst dann, wenn ich die passenden Worte nicht gleich parat habe. »Alles, was es wert ist, getan zu werden, ist es auch wert, unvollkommen getan zu werden«, sagt Marshall Rosenberg und gibt damit einen Hinweis darauf, dass wir uns von einem Perfektionismus verabschieden können, der uns daran hindert, zwar ungesicherte, dafür aber eigene Schritte zu gehen.

Falls »nein«, falls ich mich also gerade nicht für Verbindung öffnen will, brauche ich auch nicht so zu tun als ob. Die Absicht ist dann zu durchsichtig und ich verliere an Glaubwürdigkeit. Eventuell kann ich mich darauf besinnen, mich zu fragen, was mich im Moment davon abhält, »giraffisch« zu sein, oder mir Unterstützung holen.

Wenn wir die Eingangsfrage so verstehen, dass Gewaltfreiheit und das Setzen von Grenzen sich gegenseitig ausschließen, unterliegen wir einer Idee, die nach unserer Auffassung nicht der Haltung der Gewaltfreien Kommunikation entspricht. Leider erleben wir immer wieder Situationen, in denen sich Familien unter dem Dach der GfK treffen und Kinder dort machen können, was sie wollen. Dies allein wäre ja sogar wunderschön, wenn es nicht auch Erwachsene gäbe, die unter der Lautstärke, der Unordnung, dem Dreck usw. sehr leiden. Wir beobachten dort dann Eltern, die den gemeinsamen Raum verlassen oder die sich die Ohren zuhalten. Wir vermuten, dass dies Ausdruck einerseits einer Hilflosigkeit gegenüber den Kindern ist, andererseits aber auch einer Angst davor, durch Eingreifen als »gewalttätig«, »autoritär« oder »dominant« bewertet zu werden. Gleichzeitig erleben wir, dass sich die Kinder bei näherem Hinsehen auch nicht so wohl und sicher fühlen, wie sie dies eigentlich wollen. Vor allem verpassen beide – Eltern und Kinder – eine wunderbare Gelegenheit, gemeinsam etwas zu erleben.

Die Alternative, durchzugreifen und mit strengen Regeln für Ruhe und Ordnung zu sorgen, erfüllt meiner Erfahrung nach nur wenige Bedürfnisse der Beteiligten. Zum einen kenne ich große Widerstände der Kinder – und auch anderer Erwachsener –, zum anderen weiß ich, wie viel Kraft und Ausdauer es mich selbst kostet, wenn ich zuständig bin, für die Einhaltung von Regeln zu sorgen. Von Ruhe kann dann keine Rede mehr sein. Stattdessen sehe ich mich dann »Ruhe« schreiend herumlaufen und dabei Aggressionen aufstauen, bis ich entweder »gewonnen« habe oder entnervt den Rückzug antrete.

Ich halte weder die »Ich-möchte-auf-gar-keinen-Fall-autoritär-sein«-Haltung noch die »Ich-will-jetzt-meine-Bedürfnisse-durchsetzen«-Haltung für einen Ausdruck Gewaltfreier Kommunikation. In beiden Fällen schneiden wir mindestens eine der Parteien von wesentlichen Bedürfnissen ab und vor allem dienen beide Haltungen nicht dazu, unsere Beziehung zu vertiefen und zu stärken.

In Situationen, in denen konkrete Gefahr droht, bietet die Gewaltfreie Kommunikation die Möglichkeit, sehr bestimmt Grenzen zu setzen: mit dem Einsatz von schützender Gewalt. (Mehr dazu auf der nächsten Seite.) In den meisten Konfliktfällen ist es erfahrungsgemäß jedoch weit weniger erfolgreich, wenn Erwachsene den Kindern Grenzen setzen, als wenn sie *ihre eigenen Grenzen* aufzeigen und gemeinsam mit den Kindern Lösungen finden. Wenn ich mich also von der Lautstärke und der Unordnung im Zimmer gestört fühle, könnte ich sagen: »Wenn ich hier im Zimmer bin, tun mir die Ohren weh. Ich möchte gerne Spaß haben und gemeinsam mit den Kindern was erleben. Ich will, dass wir uns jetzt zusammen hier hinsetzen und besprechen, wie wir den Gemeinschaftsraum nutzen. O.k.?«

Wenn ich dafür kein Gehör finde oder wenn ich bereits sehr angespannt bin, lasse ich einen »Giraffenschrei« los: »Stopp! Ich will, dass es uns allen gut geht! Lasst uns reden.«

»Durch GfK haben sich bei uns in der Gruppe bestimmte Situationen sehr verbessert, z.B. dass sich Kinder gegenseitig helfen, sogar ohne Aufforderung. Wenn irgendwo einem Kind eine Kiste runterfällt, dann laufen immer zwei oder drei und helfen ihm, die Kiste aufzuräumen – ohne dass man was sagen muss. Sie machen das von sich aus, das war vorher nicht so. Sie sind auch viel offener für Empfindungen von anderen Kindern, trösten öfter, wenn ein Kind sich angeschlagen hat. Ja, das soziale Miteinander, find ich, hat sich sehr verbessert.«

MARTINA, Erzieherin

Einsatz von schützender Gewalt

Selbstverständlich freue ich mich sehr, wenn mein Kind seinen Drang nach Spiel und Bewegung auslebt. Sobald dies aber in der Nähe einer befahrenen Straße geschieht, ist meine Sorge um das Wohl des Kindes extrem berührt und ich möchte es schützen. Meine bisherigen Erfahrungen oder auch meine Annahmen sagen mir, dass das Kind die Gefahr (noch) nicht selbst einschätzen kann, sodass es meine Hilfe braucht. Ich schütze es, indem ich es davon abhalte, sich in die Gefahrenzone zu begeben. Dazu verwende ich körperliche Gewalt. Ich halte mein Kind fest an der Hand, formuliere Forderungen, die nicht offen sind für ein »Nein«, wie z.B. »Stopp!«, »Bleib sofort stehen«, »Komm her!« usw., oder nehme ihm in anderen Situationen gefährliche Dinge einfach weg.

Gewalt übe ich hier neben dem körperlichen Einsatz vor allem dadurch aus, dass ich das Bedürfnis nach Autonomie und Selbstverantwortung des Kindes bewusst und bedingungslos einschränke. Mein Bedürfnis nach Schutz ist in diesem Moment so vorrangig, dass ich bereit bin, »schützende Gewalt«[8] einzusetzen und damit dem Kind Grenzen zeige. Meist versteht das Kind in diesem Moment meine Absicht nicht und die Einschränkung seiner Bedürfnisse ist so groß, dass es wütend und enttäuscht reagiert. Dann braucht es sicher – zu gegebener Zeit – viel Empathie und Klarheit über meine Absicht. Ich bestrafe es nicht für seinen Zorn über die momentan verlorene Autonomie, sondern zeige Verständnis. Dennoch bleibe ich in diesem Moment konsequent in der Durchführung meiner gewählten Strategie.

Situationen, die schützende Gewalt dringend erforderlich machen, sind selten planbar oder vorhersehbar – sonst käme es wahrscheinlich gar nicht erst zu diesen Situationen. Dementsprechend ist es schwer vorauszusagen, was ich dann mache. Genauso kann ich nicht sicherstellen, dass ich dann in der Haltung bin, in der ich gerne sein möchte. Wenn meine Nerven erst einmal blank liegen, ist fast alles, was ich an Worten formuliere, abseits jeder Gewaltfreiheit. Deshalb habe ich mir vier Strategien zurechtgelegt, die mir helfen sollen:

- Ich reagiere so schnell wie möglich, sobald ich merke, dass Bedürfnisse in Bedrängnis geraten. Manchmal lieber zu früh und dafür verbundener mit meinen Werten als unkontrolliert, wenn alles zu spät ist.
- Solange Gundi dabei ist, übergebe ich in manchen Situationen an sie. (Diese Vereinbarung beruht auf Gegenseitigkeit.) Nicht, weil ich die Verantwortung abgeben möchte oder mich drücken will, sondern weil ich mir bewusst bin, dass ich im Moment nicht in der Lage bin, in einer Weise zu handeln, die meinen Werten entspricht. Am liebsten gehe ich dann in den Keller und räume auf, bis ich mich beruhigt habe.
- Ich habe Zeichen mit den Kindern vereinbart, die ihnen zeigen, dass Schutz jetzt vorrangig ist und dass die (kurzfristige) Devise heißt: »Alles hört auf mein Kommando!«
- Wann immer ich dennoch aufbrause, cholerisch rumblöke, ungerecht bewerte usw., suche ich schnell wieder Kontakt zu meinen »Opfern«. Dann ist es Zeit, zu bedauern.

Sollten Kinder nicht auch manchmal einfach etwas tun, ohne dass man darüber diskutiert?

Dieser Wunsch nach Leichtigkeit und die Sehnsucht danach, dass es einfach mal »flutscht«, ist in vielen Familien groß. Es wäre so entspannt, wenn Dinge einfach gemacht würden, ohne das Eltern tagein, tagaus gebetsmühlenartig predigen müssten: »Zieh die Schuhe aus«, »Häng die Jacke auf«, »Iss mit der Gabel«, »Putz dir die Zähne« … Ja, es wäre schön, wenn das alles einfach so laufen würde!

Die Gewaltfreie Kommunikation bietet hier allerdings auch keine Garantie dafür, dass sich messbarer Erfolg und Effizienz einstellen. Kann und will sie auch gar nicht. Das Ziel ist es nicht, Bedürfnisse einmalig zu klären und dann Vereinbarungen zu schließen, die auf Ewigkeit halten. Wir leben im Hier und Jetzt und unsere Bedürfnisse wechseln in ihrer Dringlichkeit und Vorrangigkeit – sowohl bei den Kindern als auch bei den Erwachsenen. »Wenn du von draußen reinkommst, ist mir immer Unterstützung wichtig und deshalb bitte ich dich jedes Mal, sofort die Schuhe auszuziehen und in den Schrank zu räumen!« ist absurd, weil es durchaus Situationen gibt, in denen es mir nicht um Unterstützung geht oder in denen ich eher möchte, dass die Schuhe anbleiben (z.B. wenn das Kind sehr dringend aufs Klo muss).

Gleichwohl ist mir der Aufwand einer ständigen Neuklärung zu groß, weil ich meine Zeit auch noch für andere Dinge verwenden möchte. Ich möchte Vereinbarungen mit anderen Menschen treffen, die so lange gültig sind, bis die Vereinbarungen nicht mehr taugen – dann suchen wir neue, auf die wir uns verlassen können. Entscheidender als die einzelnen Vereinbarungen ist dabei die Basis, auf der sie stehen, nämlich die Qualität der Beziehung, verbunden mit der Frage, ob und wie weit ich grundsätzlich bereit bin, zum Leben meiner Mitmenschen beizutragen. Um dies zu klären, bietet die Haltung und die Methode der Gewaltfreien Kommunikation genügend Mittel, um die Gebetsmühlen still zu legen.

»Manche Eltern hatten anfangs Sorge, dass ihre Kinder ihnen durch GfK aus dem Ruder laufen, weil die Kinder einfach anders argumentiert und alles hinterfragt haben. Aber es hat sich wieder beruhigt und im Großen und Ganzen war es so, dass viele Eltern gesagt haben, am Anfang war es richtig stressig mit der Diskutiererei, doch es lohnt sich. Eine Mama hat z.B. gesagt: ›Oft überlegt man gar nicht, warum etwas ist, wie es ist. Das ist halt einfach so und das wird so gemacht. Doch weil mein Kind mich da hinterfragt hat, warum ist das überhaupt so, hab ich überlegt und bin selbst auf die Idee gekommen: Ja, eigentlich muss es in diesem Moment ja gar nicht so sein‹.«

MARTINA, Erzieherin

Gibt es mit GfK auch so etwas wie Disziplin?

Die Erfüllung unserer Bedürfnisse geschieht im Hier und Jetzt und will keinen Aufschub in die (weite) Zukunft. Wenn ich Hunger habe, möchte ich jetzt – oder zumindest sehr bald – Nahrung und nicht erst nächste Woche. Wenn einem Kind Selbstbestimmung wichtig ist, bedeutet der Satz »Wenn du groß bist, kannst du tun und lassen, was du willst!« nur wenig Trost. Das Gleiche gilt für Erwachsene, die heute einer unbefriedigenden Arbeit nachgehen, damit es ihnen »später mal besser geht«.

Dennoch gibt es Wünsche, die wir uns nur dann erfüllen können, wenn wir vorher diszipliniert investiert haben. Wenn ich wie eine Ballerina tanzen und springen möchte, brauche ich lange Disziplin im Training. Wenn ich gut Klavier spielen möchte, übe ich jahrelang. Wenn ich etwas Teures kaufen möchte, spare ich mein Taschengeld.

Unter Disziplin verstehen wir hier nicht Gehorsam oder Bestrafung im Sinne der Unterordnung unter die Befehle oder Anweisungen der Eltern. Es geht uns vielmehr um eine Form der bewussten Selbstregulierung, der Selbstdisziplin bzw. einer Anleitung zum »Dranbleiben«.[9] Wir begeben uns damit auf eine Gratwanderung, da der Unterschied zwischen »Ich muss Klavier üben« und »Ich möchte Klavier üben, weil …« oft nur hauchdünn ist.

Selbstdisziplin: Gut für mich selbst sorgen

Wenn ich nachts um ein Uhr noch Computer spiele und mir in diesem Moment Bedürfnisse wie Spiel und Spaß erfülle, entscheide ich mich oft dennoch, auszuschalten und ins Bett zu gehen. Ich diszipliniere mich selbst, da ich mir dadurch erhoffe, am nächsten Tag fit und kraftvoll zu sein und um meinem Körper die Ruhe zu gönnen, die er braucht – Bedürfnisse, die im Moment *nicht* lebendig sind in mir. Meine Erfahrung sagt mir jedoch, dass sie *morgen* da sein werden. Ich behalte somit den Blick fürs Ganze und übernehme Verantwortung für mich selbst. Der Trainer Klaus Karstädt verwendet hierfür eine Metapher, die zeigen möchte, welche Möglichkeiten der Selbststeuerung wir haben und dass wir die Zügel in der Hand halten können: »Ich bin mein eigener Kutscher, d.h. ich habe die Gefühle; nicht: die Gefühle haben mich!« Damit gewinne ich eine Freiheit, die es mir erlaubt, den Fokus meiner Aufmerksamkeit und Kraft auf etwas zu lenken, was mir äußerst wichtig ist: ICH. Ich begehe einen bewussten, vielleicht sogar freudigen Verzicht für einen Gewinn, der sich in meinem persönlichen Wohlergehen widerspiegelt.

Auf spiritueller Ebene können wir Selbstdisziplin als einen Weg ansehen, unseren »eigenen Tempel«, bestehend aus einer Körper-Geist-Seele-Einheit, zu schützen, zu schulen und zu pflegen.

Es geht darum,

- den Körper zu pflegen, sodass wir jetzt *und* später das Leben genießen können,
- den Verstand und Geist zu bilden, um die Welt zu verstehen und gestalten, um Probleme und Aufgaben des Lebens meistern zu können,
- und das Herz oder die Seele zu schulen, um ein befriedigendes menschliches Miteinander zu erreichen.

Selbstdisziplin heißt: »Ich entscheide mich für …, weil ICH mir wichtig bin!« Ich tue etwas nicht unter Zwang oder aus Strafe (um mich zu bestrafen oder aus Angst vor Strafe), sondern als Ausdruck meiner Freiheit: Ich selbst kann und möchte Verantwortung für das übernehmen, was ich als hilfreich für mich ansehe. Dabei wähle ich meist Wege, die nach meiner eigenen Erfahrung oder nach der Erfahrung von Menschen, denen ich vertraue, förderlich sind. Das bedeutet nicht zwangsläufig, dass es der beste Weg ist, den es gibt, wohl aber der beste, der mir im Moment zur Verfügung steht.

Wenn wir den Blick jetzt wieder der Disziplin im Umgang mit Kindern zuwenden, gilt die gleiche Sichtweise von Dranbleiben und Selbstverantwortung wie bei Erwachsenen auch. Allerdings verfügen Kinder über einen geringeren Erfahrungsschatz als viele Erwachsene. Dazu kommt, dass Kinder meist so sehr im Hier und Jetzt leben, dass der Blick auf morgen eher vage ist. Um sich für etwas zu entscheiden, brauchen die Kinder deshalb jemanden, der ihnen Erfahrungen vermittelt. Auch dies geschieht am erfolgreichsten über Wege des Verstehens und Verstandenwerdens. Es geht nicht um »Ich weiß besser, was für dich richtig ist«, sondern um »Ich selbst habe damit gute Erfahrungen gemacht und halte dich dazu an, diese Wege auszuprobieren«. Die Absicht hinter elterlicher Beharrlichkeit gilt dann dem Angebot, den Aufbau des kindlichen Tempels zu unterstützen.

Sind die Bedürfnisse der Kinder wichtiger als die der Erwachsenen?

»Hauptsache dem Kind geht es gut!«, hallt mir in den Ohren, wann immer ich an den idealtypischen Erziehungsstil unserer Elterngeneration denke. »Ich habe auch noch Rechte, trotz der Kinder!«, höre ich leise und vorsichtig, wenn ich mich mit Eltern meiner Generation unterhalte.

Aus meiner Sicht möchte die Gewaltfreie Kommunikation beide Sichtweisen unterstützen. Wenn es den Kindern gut geht, wenn ihre Bedürfnisse erfüllt oder zumindest beachtet werden, erleichtert das vieles im Zusammenleben einer Familie oder eines Kindergartens, sodass sich etliche Bedürfnisse der Erwachsenen auf diese Weise mit erfüllen. Genauso andersherum: Wenn Erwachsene für sich sorgen, wirkt sich dies auch positiv auf das System Familie oder Kindergarten aus.

Welche Bedürfnisse objektiv vorrangig oder wichtiger sind, lässt sich nicht pauschal sagen. Ich halte die Bedürfnisse aller für vorrangig und – aus meiner persönlichen, subjektiven Sicht – meine für mich am wichtigsten. Dasselbe findet das Kind sicher auch. Mein Vorteil ist der, dass ich gelernt habe, dass ich meine Bedürfnisse auch mal kurz parken kann und dass ich ein großes Repertoire habe, sie zu stillen. Dem Kind hingegen fehlt oft die Erfahrung, dass geparkte Bedürfnisse später dennoch zu ihrem Recht kommen. Andererseits kennt es noch weit weniger Verhaltensweisen, durch die sich Bedürfnisse erfüllen, als ich. Somit ist es immer wieder hilfreich, dem Kind eine *zeitliche* Vorrangigkeit zu gewähren – nicht aber eine, die mit einer Wertigkeit einhergeht. Meine Bedürfnisse sind genauso viel wert wie die des Kindes!

Und: Ich bin bereit, alle Bedürfnisse zu hören, solange die Balance zwischen Geben und Nehmen stimmt. Nicht in dem gegenseitigen Abhängigkeitsverhältnis von Kind und Elternteil, sondern bezogen auf das gesamte System Familie. Weder das Kind noch die Mutter oder der Vater sind allein verantwortlich für die Erfüllung der jeweiligen Bedürfnisse des anderen.

Bedürfnisse verhandeln

»Komm, wir gehen einkaufen!« – »Ich will aber spielen!«: Der Anfang einer Alltagssituation, die sich schnell zu einem Konflikt ausweiten kann, wenn beide an ihrer Strategie festhalten.

Worum geht es dem Vater, der die Einkaufstasche in der Hand hat? Mir würde es in dieser Situation wohl darum gehen, einen Beitrag leisten zu wollen zur Familie, um Verlässlichkeit und Gewissenhaftigkeit in Bezug auf die Aufgaben, die ich übernommen habe, um Effizienz und Unterstützung und dabei ganz besonders um Leichtigkeit. Wenn der Kühlschrank leer ist, wohl auch um Nahrung. Weder eine Diskussion noch ein Erzwingen meiner Strategie »Wir gehen jetzt sofort einkaufen« würde ich als erfolgversprechend einschätzen, um diese Bedürfnisse zu erfüllen.

Vielleicht schauen wir erst einmal, worum es dem Kind geht? »Möchtest du gerade spielen und dranbleiben an dem Spiel, weil es dir so viel Spaß macht?« [= Spiel, Spaß] Oder: »Machst du dir Sorgen, dass du nach dem Einkaufen nicht mehr weiterspielen kannst, und brauchst die

Sicherheit, dass das dann noch geht?« [= Kontinuität, Sicherheit] Oder: »Möchtest du gerne gefragt werden, was wir tun, und mitentscheiden?« [= Gefragt werden, Autonomie, Gemeinschaft]

Wenn ich auf eine dieser Fragen ein »Ja« bekomme, habe ich erfahren, worum es dem Kind geht, und kann ihm sagen, wie ich mich fühle, wenn ich mich mit seinen Bedürfnissen verbinde: »Wenn ich sehe, wie du spielst, und höre, wie viel Freude es dir macht, bin ich auch froh, weil ich Lebensfreude so sehr mag« oder: »Wenn ich höre, dass du dir Sorgen machst, dass du nach dem Einkaufen nicht mehr weiterspielen kannst, kann ich dich total gut verstehen, weil mir auch wichtig ist, dass ich Arbeiten fortsetzen kann« oder »Wenn du sagst, du willst gefragt werden und mitentscheiden, bin ich ganz einverstanden, weil mir das auch so wichtig ist. – Magst du jetzt hören, worum es mir geht?« (Diese Frage ist wichtig, weil die Antwort mir zeigt, ob beim Kind noch etwas los ist, was gehört werden will, oder ob es jetzt tatsächlich bereit ist zuzuhören. Solange mein Gegenüber nicht dazu bereit ist, macht es für mich wenig Sinn zu reden.) – »Ja!«

»Mama kommt in zwei Stunden nach Hause und ich habe nicht alle Zutaten, die ich für das Abendessen brauche. Ich würd's uns gern heute Abend schön machen [= Gemeinschaft, Harmonie] und hab Spaß an der Vorbereitung [= Spaß, Kreativität]. Hast du eine Idee, wie wir das, was dir wichtig ist, und gleichzeitig das, was mir wichtig ist, bekommen?«

Ich habe auf diese Weise häufig die Erfahrung gemacht, dass wir sehr schnell Wege finden, die uns beiden gerecht werden, z.B.:

- Das Kind sagt, es will noch zehn Minuten[10] fertig spielen – ich stelle die Eieruhr und wir fahren, wenn es klingelt.
- Ich sage dem Kind, dass wir in einer dreiviertel Stunde wieder hier sind und es dann noch eine Stunde spielen kann. Zwischenzeitlich sperren wir das Kinderzimmer zu, damit keiner hineinkann.
- Wir nehmen Spielzeug mit zum Einkaufen und machen das Einkaufen zum Spiel.
- Wir bleiben hier und ich bitte den Nachbarn um Eier und Mehl.
- Wir kochen gemeinsam mit dem, was gerade da ist.
- Ich rufe Gundi an, sie soll Pizza mitbringen, und wir dekorieren in der Zwischenzeit das Esszimmer.

Das Projekt Giraffentraum

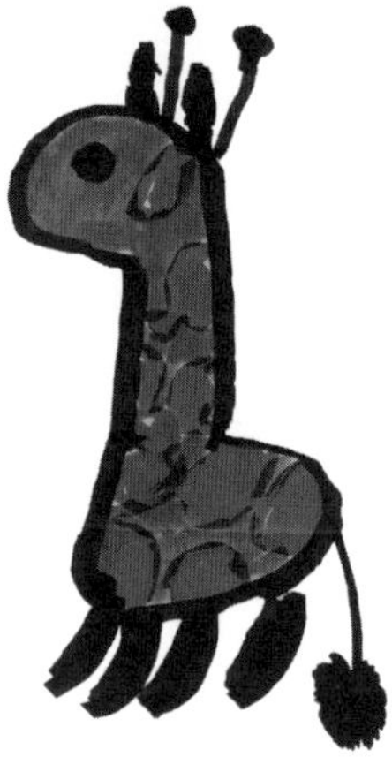

»Nichts geschieht,
ohne dass ein Traum vorausgeht.«

Carl Sandburg (1878–1967)

Hintergrund

Im Frühling 2004 entstand während der Trainerausbildung bei Friederike Kahlau-Karstädt und Klaus Karstädt die Idee, ein Projekt zur Einführung Gewaltfreier Kommunikation in Kindergärten zu entwickeln.

Das Projekt Giraffentraum soll der Verbreitung Gewaltfreier Kommunikation dienen und dabei so viele Menschen wie möglich erreichen. Wir wollen damit bei Kindern, Eltern und Erzieherinnen Samen streuen in der Hoffnung und mit der Zuversicht, dass diese früher oder später aufgehen und reiche Früchte tragen werden.[11] Auch in den ersten Grundschulklassen und Förderschulen lässt sich das Projekt umsetzen, wenn einige Stellen dem Entwicklungsstand der Kinder und den didaktischen Gegebenheiten entsprechend angepasst werden.

Von Anfang an war uns besonders wichtig, dass wir nicht selbst mit den Kindern arbeiten, sondern ausschließlich mit dem pädagogischen Fachpersonal und Eltern: Einerseits weil wir den Erzieherinnen aufgrund ihrer hohen Kompetenz – wie ich sie immer wieder während unserer Projekte erlebe – vertrauen, die Umsetzung mit den Kinder alleine zu stemmen. Sie kennen den Entwicklungsstand ihrer Kinder selbst am besten und haben das Fachwissen, geeignete Übungen, Spiele, Lieder etc. auszuwählen oder zu entwickeln, zu integrieren und dafür zeitliche Abläufe zu definieren. Andererseits ist uns der Schutz der Kinder wichtig und als Eltern möchten wir deshalb auch nicht, dass fremde Menschen in den Kindergarten unserer Kinder kommen und ihnen etwas beibringen, das wir nicht kennen.

Wir wollten ein Konzept anbieten, das von möglichst vielen Trainerinnen und Trainern (Personen mit Erfahrung in Gewaltfreier Kommunikation, nicht unbedingt zertifizierte TrainerInnen des CNVC) ohne großen eigenen Konzeptionsaufwand in Kindergärten eingeführt werden kann.

Das Projekt ist bewusst so konzipiert, dass es in möglichst vielen Kindergärten zum Einsatz kommen kann, ohne dass es jedes Mal wieder eines hohen zeit- und kostenintensiven Anpassungsaufwands bedarf. Nach unserem Verständnis macht es für dieses Konzept keinen großen Unterschied, ob es sich um konfessionelle, gemeindliche, bayerische, Wald-, Montessori-, Waldorf-, Reggio-, Integrations- oder sonstige Kindergärten handelt. Das Grundmuster des Konzeptes kann (hoffentlich) immer angewendet werden und wir haben großes Vertrauen in die Kompetenz und die Flexibilität der Erzieherinnen, dort Anpassungen vorzunehmen, wo es nötig ist. Im Wesentlichen kommen die Unterschiede zur Geltung in der Art, wie die einzelnen Elemente vermittelt werden, welche Spiele, Lieder, Texte etc. verwendet werden und welche Materialien dafür zum Einsatz kommen. Wir möchten ausdrücklich dazu ermutigen, dabei aus dem eigenen bereits vorhandenen reichen Fundus zu schöpfen.

Vermittlung der Gewaltfreien Kommunikation

Die Vermittlung der Gewaltfreien Kommunikation beginnt bei dem pädagogischen Fachpersonal und den Eltern. Wir wollen eine Basis schaffen, die für das Lernen und für die Vertiefung einer wertschätzenden Beziehung hilfreich ist. Hierzu bieten wir (zertifizierte TrainerInnen und Personen mit vertieften Kenntnissen der GfK und der Arbeit mit Eltern, Kindern und ErzieherInnen) mehrtägige Einführungsseminare für die Erwachsenen an und begleiten die Prozesse. Nach der Einführung und während der Begleitung geschieht dann die Umsetzung mit den Kindern. Dies ist wohl die größte und gleichzeitig auch spannendste Herausforderung dieses Projektes: den Kindern die Haltung der Gewaltfreien Kommunikation nahezubringen, sodass sie einen »selbst-bewussten« und wertschätzenden Umgang mit sich und anderen erfahren und erlernen können.

Lernen und »nahebringen« kann sowohl auf indirektem wie auch auf direktem Weg geschehen. *Indirekt* lernen und erfahren die Kinder täglich im Kindergarten, wie sich diese wertschätzende Haltung zeigt. Sie werden in ihren Gefühlen und Bedürfnissen von den Erzieherinnen gehört und verstanden. Sie werden dabei unterstützt, sich aufrichtig auszudrücken, und sie lernen, die anderen Kinder empathisch zu hören. Gleichzeitig lernen sie, dass auch Erzieherinnen und Eltern Gefühle und Bedürfnisse haben, die beachtet werden wollen. Im Wesentlichen lernen die Kinder dabei gemeinsam und am Modell der Erwachsenen.

Selbstverständlich ist uns bewusst, dass weder die pädagogischen Fachkräfte der Kindertagesstätten noch die Eltern nach einem Einführungsseminar in der Lage sind, in jeder Situation in der Haltung der Gewaltfreien Kommunikation zu sein oder sich permanent in den vier Schritten auszudrücken. Dies braucht viel Zeit zum Lernen, Übung und Auseinandersetzung mit dem zugrundeliegenden Paradigmenwechsel. Gleichzeitig wäre es der Sache wenig dienlich, wenn nur »perfekte Giraffen« einen Umgang mit Kindern haben dürften. Es wären einfach zu wenige – ich persönlich kenne keine Einzige und bin auch selbst weit davon entfernt, perfekt zu sein.

Gemeinsames Lernen heißt hier, dass sich die Erwachsenen zusammen mit den Kindern auf den Weg machen, um dabei miteinander und voneinander zu lernen. Es geht um einen gemeinsamen Prozess des Wachsens, Entdeckens und Erlebens und nicht um ein starres pädagogisches Konzept. Gerade dann, wenn niemand perfekt ist, haben alle Raum, um zum Lernen beizutragen.

> »Alles, was es wert ist, getan zu werden, ist es auch wert, unvollkommen getan zu werden.«
>
> MARSHALL ROSENBERG

Den *direkten* Zugang zur Gewaltfreien Kommunikation erfahren die Kinder durch eine Geschichte: Eine Babygiraffe kommt in den Kindergarten und lernt – mit Hilfe der Kinder –, sich giraffisch auszudrücken. Die »Giraffensprache« erlernen sie dann in der Zeit der Vertiefung im Nachgang der Geschichte.

Der Traum der Giraffe

Im Folgenden werden *fünf Einheiten* beschrieben. Wir haben bisher gute Erfahrungen damit gemacht, diese innerhalb von zehn Werktagen im Kindergarten durchzuführen. Die Geschichte handelt von einer Babygiraffe, die im Kindergarten gefunden wird, dort lernt, sich giraffisch auszudrücken (in den vier Schritten der Gewaltfreien Kommunikation – Beobachtung, Gefühl, Bedürfnis, Bitte), und schließlich ihre Mama[12] wiederfindet. Diese erzählt dann von ihrem Traum darüber, welchen Umgang sie sich im täglichen Miteinander wünscht. Im Anschluss folgt die Umsetzungsphase, in der die Kinder sich intensiv, aber angepasst an ihre jeweilige individuelle Entwicklung und den Arbeitsstil des Kindergartens mit den einzelnen Schritten und der Vermittlung bei Streitsituationen befassen. Das Projekt als solches schließt mit einem Fest, an dem die Giraffen teilnehmen und gemeinsam – eventuell auch mit den Eltern – feiern.

Die Geschichte ist in fünf Einheiten unterteilt:		
1. Einheit	Die Babygiraffe hat sich verlaufen	Beobachtungen
2. Einheit	Wie fühlt sich die Babygiraffe?	Gefühle
3. Einheit	Was braucht die Babygiraffe?	Bedürfnisse
4. Einheit	Welche Bitte hat die kleine Giraffe an uns?	Bitte
5. Einheit	Die Mamagiraffe kommt und wir feiern ein Fest	Giraffensprache

Der Erzähltext steht bewusst ausformuliert da. Er soll eine Hilfe sein, die Giraffensprache als »Sprache des Herzens« kennenzulernen und die Vertiefungsphase vorzubereiten. Text und Aufbau dienen dabei nur als Anregung und können jederzeit variiert und der Situation der Gruppe angepasst werden.

Die Dauer der Einheiten eins bis vier beträgt 30–45 Minuten. Da beim didaktischen Aufbau der Einheiten auf Abwechslung zwischen Bewegung (Spiel), Liedern und Zuhören geachtet wurde, entspricht das ungefähr der Zeit, die Kinder in diesem Alter konzentriert arbeiten können. Die fünfte Einheit kann einen ganzen Vormittag dauern, da sie die Vorbereitung und Durchführung der Feier beinhaltet. Auch dies ist nur ein Vorschlag und kann jederzeit der jeweiligen Situation und Lerngeschwindigkeit angepasst werden.

An dieser Stelle möchten wir uns bei Sara Hartmann und Barbara Friedlein für all die Anregungen und Mitarbeit am didaktischen Konzept bedanken.

Einführung

Stellt euch nur vor! Heute Morgen kam ich in den Kindergarten und was glaubt ihr, wen ich hier gefunden habe?

Erzieherin holt die Babygiraffe langsam hinter ihrem Rücken vor. Schaut mal, eine Babygiraffe. Ich glaube, die kleine Giraffe hat sich verlaufen und ist jetzt bei uns im Kindergarten. *Ganz schüchtern schaut die Babygiraffe zu den Kindern.* Du bist aber noch sehr klein, eine richtige Babygiraffe. Kannst du denn schon sprechen? *Die Babygiraffe schüttelt den Kopf.* »Nein.« Kinder, wir wollen sie erst einmal gemeinsam begrüßen. *Alle sagen:* »Hallo, kleine Giraffe!«

Sitzkreis mit Symbolkarte Beobachtung

Hast du[13] schon einmal eine Giraffe gesehen? Wo war das denn? *Die Kinder erzählen von eigenen Erlebnissen.* Giraffen sind ganz besondere Tiere. Sie haben Eigenschaften, die sie einzigartig machen. Magst du mal erzählen, welche Eigenschaften du bei Giraffen schon gesehen hast?

Die Kinder erzählen, was sie beobachtet haben: braune Flecken, Giraffenhörner, langer Hals … Auf Sätze wie »Eine Giraffe ist groß« kann die Erzieherin sagen: Zeig mal, was klein und was groß ist. *Auf Sätze wie »Sie ist lieb, schön …« fragt die Erzieherin, woran das Kind dies denn erkennt. Die Giraffe (bzw. die Erzieherin, die sie in der Hand hält) zeigt passende Mimiken. Wenn die Kinder Beobachtungen nennen, nickt die Giraffe und freut sich, bei Interpretationen schaut sie fragend.*

Die Giraffe hier ist wirklich noch zu klein, um zu sprechen. Was beobachtest du denn an ihr? *Die Kinder beschreiben das Giraffenbaby. Die Symbolkarte liegt dabei in der Mitte.*

Spiel

Jetzt weißt du schon ganz viel über Giraffen, aber das Giraffenbaby weiß ja noch gar nichts über dich! Wollen wir ein Spiel spielen, um uns dem Baby vorzustellen? »Ja!«

Fotospiel: Die Kinder sitzen im Kreis. Nacheinander betrachten sie für zehn Sekunden das Gesicht des rechten Nachbarn und machen dann ein »Foto«. (Das Kind bildet mit den Händen eine imaginäre Kamera, schaut dann durch den »Sucher« und knipst.) Danach kommt es in die Mitte und nennt die Eigenschaften des Sitznachbarn, die die Erzieherin dann in eine Liste einträgt.

Die Babygiraffe »kommentiert« Beobachtungen und Interpretationen wie vorher.

Abschluss

Seid ihr alle einverstanden, dass wir die kleine Giraffe einladen, bei uns in der Gruppe zu wohnen, bis ihre Mama wiederkommt? »Ja!« *(Falls Kinder mit nein antworten, fragen: Was hindert dich daran, ja zu sagen?, und so mit ihnen ins Gespräch kommen.)*

Erzieherin fragt die Babygiraffe: Liebes Giraffenbaby, jetzt hast du unsere Gruppe erlebt und gehört, wer wir sind. Bist du jetzt froh, nicht mehr allein zu sein, und freust dich über die Hilfe? Möchtest du hier in der Gruppe auf deine Mama warten und so lange hier wohnen? *Baby nickt und freut sich. Die Kinder richten dem Baby einen Schlafplatz ein und spielen mit ihm.*[14]

Material

- Babygiraffe[15]
- Tabelle mit Eigenschaften: Haarfarbe, Brille, Zöpfe, Zahnlücke …
- Vorbereiteter Schlafplatz
- Symbolkarte Beobachtung

2. Einheit: Wie fühlt sich die Babygiraffe?

Kurze Wiederholung

Am nächsten Tag schleichen alle zum Schlafplatz der kleinen Giraffe und wecken sie liebevoll auf. Erzieherin nimmt sie auf den Arm.

Guten Morgen, kleine Giraffe. Komm mit, wir setzen uns in den Kreis. Wer von euch Kindern erzählt, was wir gestern mit der kleinen Giraffe erlebt haben?

Sitzkreis mit Symbolkarte Gefühl

Die Erzieherin fragt die Giraffe: Wie geht es dir? *Die Babygiraffe lässt den Kopf hängen, die Erzieherin, die die Puppe spielt, macht ein trauriges Gesicht. Zu den Kindern:* Wie, glaubst du, fühlt sich die Giraffe? *Eventuell benennen die Kinder nun Gefühle wie traurig, müde, besorgt … Wahrscheinlich sagen sie eher »schlecht« oder »nicht gut«. Nun kann nachgefragt werden:* Wie fühlst du dich denn, wenn es dir nicht gut geht? Wann hast du dich schon einmal so gefühlt? Und wann noch? *Die Kinder erzählen.*

Woran hast du das Gefühl denn bei der Giraffe erkannt? *Gesicht, Handhaltung, Kopfhaltung …* Können wir daran immer erkennen, wie sich jemand fühlt? Lasst es uns einmal ausprobieren: Wie siehst du aus, wenn du traurig *(fröhlich, wütend, ängstlich …)* bist?

Spiel

Dazu weiß ich ein Pantomimenspiel. Es heißt: »Weißt du, wie ich mich fühle?« Bevor wir es spielen, betrachten wir zuerst nacheinander die sieben Gefühlskarten. Was siehst du und wie fühlt sich dieses Kind? *Eine Gefühlskarte nach der anderen wird besprochen. (Siehe Kopiervorlage auf S. 87.) Danach beginnt das Spiel: Einem Kind wird verdeckt eine Gefühlskarte gezeigt, anschließend stellt es das Gefühl dar. Die anderen Kinder erraten das Gefühl.* Bist du …?

Gefühlskarten

Unsere Babygiraffe hat euch beim Spiel genau zugesehen. Mir liegt am Herzen zu wissen, wie sich die kleine Giraffe fühlt! Vielleicht können wir ihr helfen, es uns mit unseren Gefühlskarten zu zeigen? *Erzieherin fordert die Kinder auf, die Babygiraffe zu fragen. Giraffe antwortet mit Zeigen einer Karte.*

Die Babygiraffe hat euch gezeigt, sie ist traurig und ängstlich. Sie möchte gerne wissen, wie ihr euch fühlt? *Erzieherin fordert die Kinder auf, sich gegenseitig zu fragen, z.B.:* Bist du fröhlich? *Antwort:* Ja! *oder* Nein! Ich bin ... *Dabei nehmen die Kinder die Gefühlskarten in die Hand.*

Abschluss

Wenn du traurig und ängstlich bist, möchtest du dann, dass jemand bei dir ist? *Giraffe nickt.* Möchtest du spielen? *Giraffe nickt.* Wie fühlst du dich dann, wenn jemand bei dir ist und ihr zusammen spielt? *Die Giraffe holt die Karte »fröhlich«. Die Kinder können mit der Giraffe spielen. Die Gefühlskarten werden gemeinsam an einen vorbereiteten und für die Kinder gut sichtbaren Platz an ein großes Herz gehängt. Wenn die Gruppe noch aufmerksam ist, kann abschließend »Wenn ich glücklich bin, dann klatsch ich in die Hand ...« gesungen werden.*

Material

- Gefühlskarten, siehe Vorlagen auf der nächsten Seite:[16]
  - fröhlich
  - erschrocken
  - enttäuscht
  - traurig
  - ängstlich
  - glücklich
  - zornig
- Großes rotes Herz und Klebepunkte o.Ä. zum Befestigen
- Symbolkarte Gefühl

3. Einheit: Was braucht die Babygiraffe?

Wiederholung

Auch an diesem Tag schleichen alle zum Schlafplatz der kleinen Giraffe und wecken sie liebevoll auf. Erzieherin nimmt sie auf den Arm.

Guten Morgen, kleine Giraffe. Komm mit, wir setzen uns in den Kreis. Wer von euch Kindern weiß noch, über was wir gestern gesprochen haben? *Die Kinder erzählen von Gefühlen.* Was kennst du denn für Gefühle? *Die Kinder erzählen.* Ich bin jetzt ganz aufgeregt und neugierig. Wie fühlst du dich? *Reihum sagen die Kinder, wie sie sich fühlen. Auch die Giraffe zeigt, wie sie sich fühlt (z.B. müde und kuschelig).*

Sitzkreis mit Symbolkarte Bedürfnis

Gestern war die kleine Giraffe traurig und ängstlich, weil sie wollte, dass jemand bei ihr ist, und weil sie spielen wollte. Danach haben dann ______ und ______ mit ihr gespielt.

Zur Giraffe: Wie hast du dich denn gefühlt, als deine Bedürfnisse erfüllt wurden? *Die Giraffe zeigt die Karte »fröhlich«.*

Zu den Kindern: Was glaubst du, was ein Baby noch so alles braucht, außer dass jemand bei ihm ist und außer spielen? *Die Kinder zählen auf, z.B. Essen, Trinken, Schlafen, Kuscheln, die Mama ...*

Die Erzieherin fragt die Giraffe bei jedem Bedürfnis: Wie fühlst du dich denn, wenn du das nicht hast? *Die Giraffe zeigt passende Gefühle. Zu den Kindern:* Was könntest du denn z.B. tun, damit die Giraffe _____ bekommt? *Die Kinder können zur Giraffe gehen und etwas tun, um das Bedürfnis zu erfüllen. Zur Giraffe:* Und wie fühlst du dich jetzt? *Die Giraffe zeigt wiederum passende Gefühle.*

Wenn von den Kindern keine weiteren Vorschläge mehr kommen, kann die Erzieherin ergänzen:

- gut miteinander umgehen (= Respekt, Wertschätzung)
- verstanden werden (= Verständnis)
- einander helfen (= Unterstützung, Hilfe)
- zusammen feiern und getröstet werden (= Feiern und Bedauern)

- etwas allein tun dürfen (= Autonomie)
- rumtollen und lachen (= Bewegung und Spaß)
- kuscheln und schmusen (= Liebe, Zärtlichkeit)

Kreative Übung

Na, kleine Giraffe, wie geht's dir jetzt? *Das Giraffenbaby freut sich.*

Zu den Kindern: Wir haben so viele Bedürfnisse gefunden, die das Baby hat. Wie wäre es, wenn du uns jetzt allen zeigst, was dir besonders wichtig ist? Wir haben hier in der Mitte ein Mandala aus Tüchern und du kannst auf dein Tuch ein Bild oder einen Gegenstand legen, der zeigt, was du alles brauchst und was dir ganz besonders wichtig ist. In der Mitte steht eine Schatzkiste, weil das alles so wertvoll ist. Später sammeln wir alle Schätze darin.

Jedes Kind sucht, malt oder bastelt etwas, das ihm im Moment wichtig ist. Wenn das Mandala fertig ist, fragt die Erzieherin im Sitzkreis nach der Bedeutung für das Kind.

Auch ihr – jeder Mensch hat Bedürfnisse. Vielleicht bist du jetzt gerade glücklich, weil dir das Spiel so viel Spaß gemacht hat. Wem geht es so, meldet euch! Oder bist du müde, weil du jetzt Ruhe brauchst? Wem geht es so? *Reaktionen der Kinder abwarten, vielleicht äußern einzelne noch andere Bedürfnisse, die erfüllt wurden oder hungrig sind.*

Abschluss

Der Abschluss kann je nach den Bedürfnissen der Kinder anders ausfallen. Falls viele sich bei Ruhe gemeldet haben, hier ein Vorschlag:

Die Erzieherin liest ein Bilderbuch vor. Dabei fragt sie die Kinder immer wieder: Was braucht die Figur im Buch? Was ist ihr wichtig, worum geht es ihr, wie fühlt sie sich gerade? *Die Babygiraffe ist dabei.*

Material

- Selbstgebastelte Schatzkiste
- Mandala aus Tüchern
- Mal- und Bastelsachen
- Symbolkarte Bedürfnis

4. Einheit: Welche Bitte hat die kleine Giraffe an uns?

Wiederholung

Auch an diesem Tag schleichen alle zum Schlafplatz der kleinen Giraffe und wecken sie liebevoll auf. Erzieherin nimmt sie auf den Arm.

Gestern haben die Kinder Gegenstände und Bilder in der Schatzkiste gesammelt. Komm, wir schauen sie uns einmal zusammen an. Wer von euch Kindern möchte erzählen, was du gemacht hast? *Die Kinder erzählen. Die Giraffe ist neugierig und aktiv dabei.*

Sitzkreis mit Symbolkarte Bitte

Auf einmal wird die Giraffe ganz still und die Erzieherin fragt sie: Kleine Giraffe, du lässt deinen Kopf so hängen. Bist du traurig, weil du ganz fest Sehnsucht nach deiner Mama hast? *Giraffe nickt energisch.* Kleine Giraffe, möchtest du, dass wir jetzt gemeinsam darüber reden, wie wir deine Mama finden können? *Giraffe nickt.*

Erzieherin schaut die Kinder fragend an: Hast du eine Idee, was wir jetzt tun können? *Die Kinder machen Vorschläge, wie man die Mama erreichen könnte. Erzieherin achtet darauf, dass die Vorschläge konkret sind (anstatt »Man sollte halt mal irgendwen fragen« lieber »Wir rufen den Zoodirektor an«) und von der Gruppe erfüllbar (anstatt »Suche mit Helikopter« lieber »Plakataktion«). Die Gruppe sammelt Ideen, wie sie die Giraffensuche gestalten könnte. Hier einige Ideen:*

- Plakate mit einem Bild des Babys werden gemalt und in der Stadt verteilt.
- Die Kinder schreiben einen Brief an die Giraffen im Zoo und bitten um Unterstützung. Gemeinsam werfen sie den Brief in den Briefkasten.
- Die Kinder besuchen die örtliche Polizei und geben eine Vermisstenmeldung auf.
- Es gibt eine Luftballonaktion mit Giraffenmama-such-Karten.

Wenn sich die Gruppe geeinigt hat: Kleine Giraffe, wir wollen deine Bitte erfüllen und haben uns Folgendes überlegt: _________. Bist du einverstanden?

Kreative Übung

Gemeinsam setzen die Kinder ihren Plan um.

Abschluss

Die kleine Giraffe freut sich. Erzieherin: Bist du jetzt erleichtert und froh, weil du merkst, dass du verstanden wirst und dass du Unterstützung bekommst? *Zu den Kindern:* Wie geht es dir denn, wenn die Mama der Babygiraffe jetzt bald kommt? *Die Kinder haben die Möglichkeit zu erzählen. Sie teilen ihre Freude und Erleichterung und ihre Sorge, dass das Baby dann mit der Mama weggehen muss. Die Erzieherin nimmt die Beiträge empathisch auf. Wenn alle dran waren, die etwas sagen wollen, überlegen sie sich gemeinsame Bitten an die Giraffenmama und schreiben sie auf, z.B.:* »Wenn du jetzt bald kommst, haben wir Sorge, weil wir gerne weiter mit deinem Baby spielen wollen. Magst du bis zu den Sommerferien mit deiner Tochter hier im Kindergarten wohnen?«

Material

- Inhalt der Schatzkiste
- Briefpapier, Plakate …
- Symbolkarte Bitte

5. Einheit: Wir feiern ein Fest: Die Mamagiraffe kommt

Antwort der Mama

Auch an diesem Tag schleichen alle zum Schlafplatz der kleinen Giraffe und wecken sie liebevoll auf. Erzieherin nimmt sie auf den Arm.

Guten Morgen! Lasst uns gleich schauen, ob deine Mama sich gemeldet hat! Ich bin sooooo aufgeregt! *Alle gehen zum Briefkasten und finden einen Antwortbrief:* Deine Mama hat an uns alle geschrieben:

Meine Frieda ist bei euch *(Beobachtung)*,

was für eine Freude, das zu hören! Ich habe mir solche Sorgen gemacht *(Gefühl)*,

und ich wünsche mir nichts sehnlicher, als sie wieder sicher in meiner Nähe zu haben! *(Bedürfnis)*.

Natürlich komme ich sofort zu euch. Bitte lest diesen Brief Frieda vor, damit sie weiß, dass ich bald da bin, ok? *(Bitte)*

Während der Brief vorgelesen wird, zeigt die Erzieherin die jeweilige Symbolkarte und macht eine Bewegung dazu:		
Beobachtung	Hände als Fotoapparat	
Gefühl	Hände auf Herz	
Bedürfnis	Hände auf Bauch	
Bitte	Hände öffnen	

Die kleine Giraffe freut sich. Die Erzieherin wiederholt mit den Kindern den Inhalt des Briefes der Mamagiraffe, indem sie Fragen nach Gefühl, Bedürfnis und Bitte stellt: Wie hat sich die Mama gefühlt, als sie erfahren hat, dass ihr Baby hier ist? Was braucht sie? Und um was bittet sie uns? Hast du gehört, wie unsere kleine Giraffe heißt?

Wie geht es dir denn jetzt, wenn du gehört hast, dass Friedas Mama bald kommt? *Die Kinder haben Zeit, ihre Gefühle und Bedürfnisse auszudrücken.*

Vorbereitung auf die Ankunft der Mama

Wenn jetzt gleich die Mama kommt, habt ihr dann Lust, gemeinsam ein Fest vorzubereiten? *Die Kinder überlegen, wie sie die Mamagiraffe begrüßen wollen, z.B. mit einem Lied oder Tanz, den die kleine Giraffe mit ihnen gelernt hat, den Tisch schön decken für ein gemeinsames Frühstück, Schmücken des Raums …*

Begrüßen und Feiern

Es läutet und die Mamagiraffe kommt. Glücklich begrüßt sie ihr Baby Frieda und die Kinder. Mama und Baby bekommen erst einmal Zeit zu kuscheln.

Die Kinder möchten dir gerne ein Lied vorsingen, das sie mit Frieda gelernt haben. Willst du es hören? *Lied mit Tanz.*

Die Giraffenmama bedankt sich giraffisch bei den Kindern und zeigt dazu die entsprechenden Karten:

Wenn ich höre, dass Frieda sagt, sie habe sich bei dir in der Gruppe wohl gefühlt,

dann bin ich überglücklich,

weil es mir wichtig ist, dass wir uns umeinander kümmern.

Danke! Außerdem möchte ich dir erzählen, wovon ich geträumt habe. Willst du es hören?

Mama erzählt ihren Giraffentraum:

Gestern habe ich geträumt, dass alle Menschen genauso wie wir Giraffen werden und dass sie sagen, wie es ihnen geht, und sich darum kümmern, wie es anderen geht. Ich habe geträumt, dass wir uns nicht mehr gegenseitig wehtun, uns auslachen oder uns Sachen wegnehmen. In meinem Traum haben Kinder in einem Kindergarten gelernt, wie Giraffen zu sprechen und zu handeln. Sie sagen, was sie brauchen, und hören zu, was der andere braucht. Sie suchen gemeinsam nach Lösungen, damit es allen gut geht. Willst du bei der Gruppe von Kindern sein, die ich in meinem Traum gesehen habe?

»JAA!«

(Falls Kinder mit nein antworten, fragen: Was hindert dich daran, ja zu sagen?, und so mit ihnen ins Gespräch kommen.)

Wenn ihr wollt *(gegebenenfalls auf die entsprechende Bitte der Kinder eingehen)*, könnte ich hierbleiben und dir die Giraffensprache mit Frieda zusammen beibringen. Du lernst dann, wie du mit anderen Kindern oder mit Erwachsenen so sprechen kannst, dass sie dich verstehen, und du lernst den anderen zuzuhören. Zum Reden kannst du den Erzählstab benutzen *(vorzeigen)* und zum Zuhören die Giraffenohren *(vorzeigen)*. Am besten wir tun sie gleich mal an einen festen Platz, damit du sie auch finden kannst. *Sie legt die Gegenstände möglichst an die Stelle, wo später die »Giraffenecke« entsteht.* Puh, das war jetzt anstrengend und ich habe Hunger. Wollen wir gemeinsam essen?

»JAA!«

Gemeinsames Frühstück/Brotzeit

Feedback

Gemeinsamer Stuhlkreis. Die Kinder lernen zu feiern, indem sie Feedback geben, z.B.:

»Ich war glücklich, als die Mamagiraffe kam, weil ich mich für das Baby so gefreut habe!« *oder* »Ich fand es so schön, zusammen zu feiern!« *oder* »Das Schönste war, als die Frieda die Mama wiederhatte!«

Abschluss

Mama und Frieda versprechen, im Kindergarten zu bleiben und die Kinder dabei zu unterstützen, die Giraffensprache zu lernen.

Material

- Antwortbrief
- Mamagiraffe
- Symbolkarten
- Giraffenohren
- Erzählstab
- Material zur Gestaltung der Party

Damit schließt der erste Abschnitt der Hinführung zur Gewaltfreien Kommunikation. Die beiden Giraffen bleiben im Kindergarten. In einigen Kindergärten wurden in den einzelnen Gruppen »Giraffenecken« installiert, in denen die kleine Familie lebt und wo sich die Materialien befinden. Diese Ecke ist offen und will Raum bieten für Gespräche, Konfliktlösungen und auch Ruhe. Kinder können dort jederzeit mit den Giraffen spielen und ihnen ihr Herz ausschütten. Für die Erzieherinnen kann dies ein Anlass für empathische Gespräche mit den Kindern sein.

Der nächste Zeitabschnitt dient der Einübung und Vertiefung des Gelernten. Dabei befassen sich die Gruppen immer wieder mit den vier Schritten, indem sie vor allem bekannte Spiele, Lieder, Übungen etc. in den Kontext der Gewaltfreien Kommunikation stellen. Das Ziel besteht weniger darin, dass die Erzieherinnen und die Kinder am Ende der Einheiten alles »richtig machen«, sondern darin, durch Wiederholung, gemeinsames Lernen und durch beharrliches Dranbleiben mit den Prozessen vertraut zu werden. Die Länge der Zeitabschnitte können den individuellen Anforderungen und Möglichkeiten der Kitas angepasst werden.

»Mir ist wichtig, dass die Kinder generell erst mal den Gedanken entwickeln, GfK ist eine gute Sache, dass sie das beschäftigt und dass sie da langsam reinwachsen. Das war bei mir auch nichts anderes: Durch das stetige Immer-wieder-Tun wächst es und das gibt einem Sicherheit. Ich glaube, es lebt nur dann weiter, wenn ich GfK für mich selbst auch verinnerlicht habe und mich selbst auch drin übe, nur dann.«

SABINE, Erzieherin

Vertiefungsübungen zur Beobachtung

Ausgangspunkt für die kindliche Erfahrung der Welt und seines eigenen Wesens ist das, was das Kind wahrnimmt. Je umfassender, differenzierter und bewusster wir unsere Umwelt wahrnehmen, desto besser können wir auf sie reagieren. Die Welt ist nicht größer als das Fenster, das du ihr öffnest!

Ziel der Einheit

Diese Übungen sollen die Kinder befähigen, sich selbst und ihre Umwelt wahrzunehmen und ihre Beobachtungen *ohne Bewertung* wiederzugeben. Die Kinder lernen, eine wertschätzende Haltung sich selbst und anderen gegenüber einzunehmen.

Auswahl an Übungen[17]

Bei allen Übungen sollte die Symbolkarte Beobachtung präsent sein.

Gesprächsthemen

- Wer bin ich? Ich bin einzigartig und wertvoll.
- Wie nehme ich mich und die anderen wahr?
- Fünf Sinne – was ist das?

Bilderbücher/Geschichten

- *Das kleine Ich bin ich*, Jungbrunnen Verlag
- *Wir entdecken unseren Körper*, Ravensburger
- und viele andere mehr

Kreatives Tun

- Selbstportrait malen
- Hand- und Fußabdruck
- Kinderausweis gestalten und mit einem Erwachsenenausweis vergleichen

Lieder zum Thema

- »Seht, was ich kann!« (mündlich überliefert)
- »Ich höre« und viele andere Lieder von Detlev Jöcker

Sinnesspiele für Sehen und Hören (für die Beobachtung am wichtigsten)

Sehen

- Sich im Spiegel betrachten, sich verändern (Frisur, Gel, Schminke)
- Sich gegenseitig fotografieren (Digitalkamera!) und als Memory spielen
- Kimspiel 1: Etwa 15 Gegenstände werden auf ein Tablett gelegt, für ein paar Minuten gezeigt und dann wieder weggetragen oder zugedeckt. Die Kinder versuchen alle Gegenstände aus dem Gedächtnis wiederzugeben – mit Farbe, Form und Eigenschaften.
- Kimspiel 2: Ein Gegenstand wird verdeckt weggenommen, die Kinder raten, welcher fehlt.
- Spiegelbild: Die Kinder gehen paarweise. Ein Kind ist der Mensch, der andere der Spiegel. Der Spiegel macht ohne Geräusche alle Bewegungen und Grimassen nach. (Na, ob das ohne Lachen gehen kann?)
- Für einen bestimmten Zeitraum Zeichensprache vereinbaren

Hören

- Eine Trennwand wird aufgebaut. Die Erzieherin oder einzelne Kinder bewegen dahinter verschiedene Gegenstände, die Geräusche machen, z.B. Besteck auf einem Teller, Schlüsselbund, Instrumente etc. Die Kinder raten.
- Die Erzieherin macht Tierstimmen nach, Kinder erraten, welches Tier gemeint ist. Alternativ gibt es auch CDs mit Tierstimmen oder Naturlauten
- Richtungshören – Klopfspiel: Die Kinder sitzen in einem großen Kreis. Ein Kind, das in der Mitte steht, folgt mit geschlossenen Augen dem Klopfen (ein Kind klopft auf den Boden). Kurz bevor das Kind den Klopfenden erreicht, klopft ein anderes Kind aus einer anderen Richtung. Nach einer Weile wird der Spieler in der Mitte abgelöst.

Spiele zu weiteren Sinnen

Tasten

- Fühlparcours: Kinder laufen barfuß mit geschlossenen Augen durch Schalen mit Watte, Korken, Rasierschaum, Sand, Federn ... und raten das Material
- Gegenstände werden unter ein Tuch gelegt. Mit Händen oder Füßen werden die Gegenstände abgetastet (weich, hart, warm etc.) und schließlich benannt.

Schmecken

- Mit Augenbinde oder geschlossenen Augen werden kleine Häppchen unterschiedlicher Lebensmittel probiert und erraten, z.B. Apfel, Nuss etc.

Riechen

- Mit geschlossenen Augen verschiedene Düfte erraten, z.B. Kaffee, Käse, Zimt, Seife etc.

Weitere Spielideen

- Schuhsalat
- Ich sehe was, was du nicht siehst
- Pantomimenspiel mit Tätigkeiten/Tieren/Gegenständen
- Blinde Kuh: Ein Kind mit verbundenen Augen tastet ein anderes ab und errät, wer es ist
- Wer ist der Boss?: Die Kinder machen einem bestimmten Kind (= Boss) alles genau nach (Bewegungen, Geräusche, Sprache, Intonation). Variante: Ein Kind geht vor die Tür, die anderen wählen einen Boss, das wartende Kind wird hereingerufen und versucht nun durch Beobachtung, den Boss zu erkennen.
- Bau mal so wie ich: Zwei Kinder (gleichaltrig) sitzen sich gegenüber. Jeder bekommt die gleichen Bauklötze (Menge je nach Alter). Zwischen ihnen wird ein großes Bilderbuch als Sichtschutz aufgestellt. Ein Kind beginnt: »Bau mal so wie ich ...« und beschreibt genau, wie es welche Bauklötze aufeinanderstellt. Das andere Kind folgt den An-

weisungen. Am Ende wird das Buch weggenommen und die Werke werden verglichen (aus Rose Götte: *Sprache und Spiel im Kindergarten*, Beltz Verlag)

Ideen für zu Hause

Es gibt eine Vielzahl an Sinnesspielen. Hier eine Auswahl:

- Memory und alle Spiele, die Gemeinsamkeiten oder Unterschiede in Bildern zeigen
- Ein Adventskalender aus Fotos: Fotografieren Sie Details Ihrer Möbel (Schlüssel an der Schranktür, Verzierung der Kommodenschublade …) und das Kind darf suchen. Hinter dem entsprechenden »Türchen« ist Schokolade versteckt
- Details in Bilderbüchern (z.B. *Petterson und Findus*) suchen
- Riech-, Hör- und Tastspiele in der Natur
- Menschen-Raten im Bus: Sie suchen eine Person aus und das Kind fragt: »Ist es ein Mann?« – »Ja« – »Hat er einen Bart?« – »Nein«. Sie antworten nur mit »Ja« oder »Nein«, bei Bewertungen (»Hat er ein schönes Hemd an?«) zucken Sie mit den Achseln. So bietet sich auch ein guter Anlass, um über den Unterschied zwischen Beobachtung und Bewertung, unterschiedliche Sichtweisen etc. zu sprechen: »Was findest du schön, was finde ich schön?«

Vertiefungsübungen zu den Gefühlen

Um sich in eine empathische Verbindung begeben zu können, ist das Erkennen der Gefühle anderer Menschen eine wesentliche Voraussetzung. Zwischen dem zweiten und fünften Lebensjahr werden Kinder mit Freude, Traurigkeit, Wut, Überraschung, Angst und Ekel vertraut. Der niedersächsische Orientierungsplan für Bildung und Erziehung beschreibt: »Emotionale Kompetenz bedeutet, sich seiner Gefühle bewusst zu sein und Gefühle ausdrücken und zulassen zu können. Dies heißt auch, gegebenenfalls Gefühle zu regulieren sowie mit negativen Gefühlen und Stresssituationen umgehen zu können. Die Fähigkeit, Gefühle bei anderen wahrzunehmen und zu verstehen, ist ein weiteres Merkmal emotionaler Kompetenz.«[18]

Ziel der Einheit

Die folgenden Übungen unterstützen Kinder darin, eigene Gefühle durch Körperhaltung und Mimik auszudrücken bzw. nonverbale Signale bei anderen zu erkennen. Die Übungen sollen die Kinder zudem befähigen, ihre Gefühle und die Gefühle der anderen zu verbalisieren.

Auswahl an Übungen

Bei allen Übungen sollte die Symbolkarte Gefühl präsent sein.

Gesprächsthemen

- Gespräche anhand verschiedener Situationen, die auf Bildern, in Büchern etc. gezeigt werden, z.B. zwei Kinder streiten und ziehen sich an den Haaren
- Gegenteile suchen:

glücklich	–	traurig
ängstlich	–	mutig
fröhlich	–	ärgerlich
liebevoll	–	wütend

- Wie geht es dir, wenn ...
  ... deine Freundin dein Bild zerreißt?
  ... dein kleiner Bruder zu dir sagt »Ich hab dich soooo lieb!«?
  ... der Weihnachtsbaum leuchtend im Wohnzimmer steht?
  ... Mama ein Baby bekommt?
  (weitere Situationen aus der Gruppe aufgreifen)

Bilderbücher/Geschichten

- Geschichten, in denen Gefühle wie Angst, Freude, Trauer, Ärger vorkommen, z.B. Die Geschichte von dem Elefanten Elo, der sich nicht mehr rot ärgern wollte (aus: *STOPP – Kinder gehen gewaltfrei mit Konflikten um*, Persen Verlag)
- Phantasiereisen: z.B. »Wir fliegen auf die Gefühlsplaneten« (dito)
- *Der Seelenvogel*, Carlsen Verlag
- *Irgendwie Anders*, Oetinger Verlag

Kreatives Tun

- Gefühlsbarometer im Zimmer aufhängen
- Gefühlsscheibe aus Bierdeckel für jedes Kind zum Umhängen
- Collagen zu den einzelnen Gefühlen: in Zeitungen Fotos suchen zu verschiedenen Gefühlen, ausschneiden, sortieren und Bilder herstellen
- Luftballon oder einen Finger mit einem Gesicht bemalen: Jedes Gesicht erzählt nun, wie es ihm geht und warum
- Gefühlsmemory: Je zwei Kinder drücken mimisch das gleiche Gefühl aus (wütend, glücklich, verlegen ...). Die Erzieherin fotografiert die Kinder und klebt die Gesichter auf Memorykarten. Das Spiel kann beginnen ...

Lieder zum Thema

- »Siehst du wie ich lachen kann?« (Detlev Jöcker)
- »Du, ich geh einfach auf dich zu« (Rolf Krenzer)
- »Wenn ich glücklich bin, dann klatsch ich in die Hand«
- »Hallo, hallo, schön, dass du da bist!«

- Rollenspiele oder Pantomimenspiel mit den Gefühlskarten
- Fühl- und Tastspiele: »Wie fühlt sich das an?«, z.B. über verschiedene Dinge (Erde, Steine, Wasser, Decke etc.) mit nackten Füßen gehen
- Die Kinder massieren sich gegenseitig mit Igelball oder zu einer Geschichte, z.B. Sonnenaufgang in den Bergen, Pizza backen
- Wer lacht zuerst? (Armer braver Kater): Zwei Kinder stehen oder sitzen sich gegenüber und versuchen sich gegenseitig durch Grimassenschneiden zum Lachen zu bringen. Wer hält es länger aus?
- Detektivspiel: Was könnte passiert sein, wenn …
  … ein Mensch Angst hat?
  … jemand schallend lacht?
  … ein Hund jault?
  … jemand vor Ärger schreit?
- Versteinern mit Gefühlen: Alle tanzen zu Musik. Sobald sie aufhört, wird ein Gefühlswort genannt, z.B. traurig. Sogleich wird das Gefühl pantomimisch dargestellt und keiner darf sich mehr bewegen (ohne zu lachen!), bis die Musik wieder zu hören ist.
- Gefühle erraten I: »Der sprechende Körper«
  Stellt euch alle in die Mitte und sagt mit euren Beinen: »Ich bin wütend«, mit euren Augen »Ich habe Angst«, mit eurem Po »Ich bin aufgeregt« und mit eurem ganzen Körper »Ich bin froh«. Anschließend Austausch: Machen wir alle das Gleiche, wenn wir unsere Gefühle ausdrücken? Wenn uns jemand durch das Fenster beobachtet und nicht hört, was wir sagen – wird er an unserem Körper erkennen, was wir fühlen? Die Erzieherin hört sich die spontanen Antworten der Kinder an und erklärt dann, dass es uns oft nicht leicht fällt, die Gefühle der anderen zu erraten. Deshalb wissen die anderen häufig gar nicht, was wir fühlen. Damit das nicht passiert, benutzen wir die Giraffensprache und sagen deutlich, was wir fühlen und was wir brauchen.
- Gefühle erraten II: »Wortschatz für Gefühle«
  Wir stellen einen Wortschatz zusammen: Wie fühlt ihr euch, wenn es euch gut geht? Welche schönen Gefühle kennt ihr? Was sagt ihr, wenn ihr euch gut fühlt? (Die Kinder äußern sich, die Erzieherin schreibt die Worte auf ein Blatt, auf das ein lächelndes Gesicht gemalt ist.)

Und wie fühlt ihr euch, wenn es euch nicht so gut geht? Welche Gefühle kennt ihr, die ihr nicht mögt? Was sagt ihr, wenn ihr mies drauf seid? (Die Kinder äußern sich, die Erzieherin schreibt das auf ein Blatt mit einem traurigen Gesicht.) Der Wortschatz der Gefühle kann anschließend mit Zeichnungen verziert und im Zimmer aufgehängt werden.

Ideen für zu Hause

Die hilfreichste Übung besteht wohl darin, selbst über Gefühle zu reden!

Die Frage: »Wie geht es dir?« (verbunden mit einem echten Interesse an einer Antwort) und ein offenes »Ich bin …« im täglichen Umgang miteinander kann sehr zum gegenseitigen Verständnis und zu Verbundenheit beitragen – nicht nur mit Kindern, auch in der Partnerschaft. Daneben ist das Benennen von Gefühlen ein wichtiger Beitrag zum Spracherwerb.

Gefühle sind nicht nur Begriffe, sondern Ausdruck für »gefühlte Körperzustände«. Angst, Freude, Ekel usw. spüren wir in unserem Körper. Wir können auch das mit den Kindern erleben. Beispielsweise können wir gemeinsam ein Buch lesen und das Kind fragen, wie sich der »Held« wohl gerade fühlt. Das Kind möchte vielleicht selbst einmal in die Rolle schlüpfen und sich z.B. ärgern. Dann kann es erzählen, wie sich sein Bauch ärgert, seine Füße, seine Hände usw. Natürlich können die Erwachsenen mitmachen. Eine ähnliche Übung kann sein: Wir freuen uns einmal nur mit dem linken Bein, sind wütend mit dem kleinen Finger oder ängstlich mit der Nase.

Vertiefungsübungen zu den Bedürfnissen

Alle Menschen, ob Kinder oder Erwachsene, haben die gleichen Bedürfnisse – Nahrung, Liebe, Anerkennung, Autonomie, Respekt, Ordnung, Vertrauen und einige mehr! Gewaltfreiheit bedeutet, dass wir eine Haltung einnehmen wollen, die sowohl unsere Bedürfnisse als auch die Bedürfnisse des anderen beachtet. Die rheinland-pfälzischen Bildungs- und Erziehungsempfehlungen drücken das so aus: »Menschliches Zusammenleben erfordert die Bereitschaft, selbst einen Beitrag zu dessen Gelingen zu leisten, sich in Bedürfnisse anderer hineinzuversetzen, Vereinbarungen für das Zusammenleben zu respektieren und auch weiterzuentwickeln. Die eigene Entfaltungsfreiheit und die Orientierung an den Rechten anderer ist eng miteinander verbunden.«[19]

Ziel der Einheit

Die Kinder lernen, ein Bewusstsein für unterschiedliche Bedürfnisse zu entwickeln und sie zu benennen. Dadurch erlangen sie ein echtes Selbst-Bewusstsein und die Möglichkeit, dies dem anderen mitzuteilen.

Auswahl an Übungen

Bei allen Übungen sollte die Symbolkarte Bedürfnis präsent sein.

Gesprächsthemen

- Bilder von Emotionen zeigen und Fragen stellen, z.B.: Wenn die Mutter so verärgert schaut, was meinst du, was sie in dem Moment will? Und was brauchen die Kinder?
- Bedürfnisse (Sicherheit, Trost, Verständnis, Hilfe, Liebe, Zärtlichkeit, Nähe, Wärme, Schlaf, Ruhe, Spaß, Spiel, Feiern, Nahrung, Kontakt mit anderen) der Kinder sammeln und überlegen: Wodurch und in welchen Situationen werden sie erfüllt?
- Aktuelle Situationen der Kinder aufgreifen und fragen: »Was hast du da gefühlt und was hast du gebraucht?«

Bilderbücher/Geschichten

- Alle Märchen eignen sich wunderbar für die Frage: Was wollen die Menschen in diesem Märchen wirklich? Beim Geschichtenvorlesen und Bilderbuchbetrachten können wir immer wieder fragen: Was fühlt diese Person? Was braucht sie?
- *Das Vier-Farben-Land*, Oz Verlag
- *Das schwarze Schaf*, Findling Verlag
- *Ich lieb dich für immer*, Oetinger Verlag
- *Der Schutzbengel*, Gabriel Verlag
- *Der kleine Gärtner*, Nord-Süd Verlag

Kreatives Tun

- Bedürfnisse der Kinder sammeln und überlegen: Wann erfüllen wir diese Bedürfnisse im Kindergarten? Für jedes Bedürfnis in verschiedensten Maltechniken ein großes Gemeinschaftsbild erstellen
- Bedürfnis nach Ruhe und Entspannung erfüllen, indem Kinder z.B. zu meditativer Musik malen

Lieder zum Thema

- »Heut ist ein Tag, an dem ich singen kann« (Detlev Jöcker)
- »Ich bin so gern bei dir« (Rolf Krenzer)
- »Ich gebe dir die Hände« (Rolf Krenzer)

Spiele

- Bedürfnis nach Kontakt zu anderen, nach Spiel und Spaß, nach Gefragtwerden erfüllen, indem die Wünsche der Kinder aufgegriffen werden
- Bedürfnisse erraten: Was braucht ein Kind, wenn …
  … es weint, weil es hingefallen ist?
  … es mit einem Spiel spielen will, das auf einem hohen Regal liegt?
  … der Magen knurrt?
  … im Schlafraum die Lichter aus sind, die Tür zu ist und es Angst hat?
  … es seit Stunden allein im Zimmer ist und sich einsam fühlt?

… die Sonne sehr heiß scheint und seine Haut schnell rot wird?
… es Fieber hat, nichts essen will und zu nichts Lust hat?

Ideen für zu Hause

Kinder lieben Märchen, in denen das Thema »gut« und »böse« eine zentrale Rolle spielt. Die böse Hexe kommt in den Ofen, die Kinder werden reich, alles wird gut! Hier erfährt das Kind Orientierung und Wertebewusstsein. Außerdem erlebt es, welche Einstellung gesellschaftlich erfolgreich ist. Leider lernt es damit auch eine Rechtfertigung für Gewalt. Denn wenn jemand böse ist, gehört er – in diesem Denkmodell – bestraft und vernichtet. Wer einmal böse war, wird das immer bleiben und spätestens beim dritten Mal ist dann auch Schluss! Wer oder was »gut« oder »böse« ist, scheint festgelegt zu sein und befindet sich damit außerhalb unseres Einflussbereichs und unserer Verantwortung. Vielleicht lernen Kinder dadurch, dass sie machtlos sind und keinerlei Verantwortung tragen.

Wir haben spannende Erfahrungen damit gemacht, Kindern Märchen »gewaltfrei« zu erzählen. Wir haben sie gefragt, wie sich die Hexe wohl fühlt und worum es ihr eigentlich geht. Auf diese Art wandelte sich das kinderfressende Monster zu einer einsamen Frau, die Kontakt und Nähe sucht. Wohlgemerkt: Wir sind in keinster Weise einverstanden mit der Strategie, mit der sie versucht, diese Bedürfnisse zu erfüllen, und wollen sie auch nicht schönreden. Andere Menschen in ihrer Absicht und ihren Beweggründen zu verstehen, unterstützt die Kinder jedoch dabei, bewusst und wach zu werden. Es hilft ihnen dabei, frühzeitig zu erkennen, was beim anderen los ist, und auch der eigenen Intuition zu vertrauen – unabhängig davon, was das Gegenüber nach außen zeigt. Kinder lernen so, dass jemand nicht »böse« ist, weil er »böse« aussieht, sondern dass bestimmte Handlungen einer Person gefährlich sein können und die Kinder sich deshalb schützen sollen und können.

Vertiefungsübungen zu den Bitten

Nachdem wir unserem Gegenüber erklärt haben, was in uns an Gefühlen und Bedürfnissen lebendig ist, zeigen wir ihm nun eine konkrete Möglichkeit, was er tun kann, um unser Leben zu bereichern.

Ziel der Einheit

Die Kinder erfahren, wie sie das, was sie brauchen, auch bekommen können. Dabei wollen wir sie aus der Lethargie des Empfängers holen und ihnen Möglichkeiten zeigen, wie sie ihre Bedürfnisse erfüllen können, indem sie darum bitten. Hinter diesen Bitten liegen unterschiedlichste Strategien und damit eine Loslösung von bestimmten Personen und Dingen. Es gibt nicht nur einen Weg, wie sich mein Bedürfnis erfüllen lässt. Schlussendlich sollen die Kinder lernen, dass sie selbst die Kraft haben, Probleme und Konflikte zu lösen, und damit Verantwortung für ihr Tun übernehmen.

Auswahl an Übungen

Bei allen Übungen sollte die Symbolkarte Bitte präsent sein.

Gesprächsthemen

- Bilder von Emotionen zeigen und darüber ins Gespräch kommen, z.B.: Wenn ihr das Bild betrachtet, welche Bitte könnte das Kind äußern?
- Wie bitten wir um das, was wir brauchen?
- Was könntest du fragen oder bitten, wenn …
  … du Durst hast?
  … dir ganz kalt ist?
  … du die Spielsachen im Schrank nicht erreichen kannst?
  … du Schuhe zum Binden hast, aber die Schleife noch nicht kannst?
  … du sehr, sehr müde bist?
  … du lieber draußen statt drinnen spielen möchtest?

… du etwas ganz Wichtiges zu sagen hast, aber die Erwachsenen sprechen ohne Pause?
… du mit einem Kind spielen möchtest?
… die Kinder im Raum für dich zu laut sind?

Kreatives Tun

- Bitten, die von Kindern geäußert werden, z.B. bei einer Kinderkonferenz, werden als Regel auf einem Plakat dargestellt und im Zimmer für alle sichtbar aufgehängt

Lieder zum Thema

- »Miteinander geht es besser« (Siegfried Fietz)
- »Wenn etwas nicht in Ordnung ist« (Verlagswerkstatt kreuz & quer)

Spiele

- Lernen auch mit »Nein« umzugehen: Alle Kinder sitzen im Kreis, eins fängt an und formuliert eine Bitte an ein bestimmtes Kind, z.B.: »Lea, hüpf bitte auf einem Bein.« Wenn Lea will, kann sie das tun, wenn nicht, sagt sie »Nein«. Daraufhin wird gefragt, wer dann möchte. Sobald ein anderes Kind will, kann es die Bitte erfüllen und ist als Nächstes dran zu bitten. Möchte keines, kann eine neue Bitte formuliert werden.
- Wunschbaum: Die Kinder schreiben verschiedene (von anderen Kindern erfüllbare) Wünsche auf und hängen die Wünsche an einen Baum. In einem bestimmten Rhythmus kann jedes Kind nachschauen, ob es einen Wunsch am Baum erfüllen mag.

Ideen für zu Hause

Bitten sind am ehesten dann erfolgreich, wenn sie positiv formuliert, konkret, in diesem Moment erfüllbar und offen für ein »Nein« sind. Um dies mit Ihrem Kind zu üben, können Sie »dumme Augustine« oder Roboter spielen. Bereiten Sie z.B. gemeinsam Abendessen vor, das Kind gibt Anweisungen in Form von Bitten, Sie setzen sie um. Machen Sie genau, was das Kind sagt (»Stell Wasser auf den Tisch«), übertreiben Sie oder schauen ratlos, wenn Anweisungen unklar sind (»Sei vorsichtig«), schmollen oder streiken Sie sofort, wenn Sie eine Forderung hören (»Du musst mir das Brot schmieren«). Natürlich können Sie auch die Rollen tauschen!

Zum Üben konkreter Bitten kann es hilfreich sein, auf Sprache ganz zu verzichten und dem anderen nur mit Zeichensprache anzuzeigen, was man gerne möchte.

Viele gute Erfahrung haben wir mit »Kinderbestimmtagen« gemacht, an denen jeweils ein Kind mit einem Elternteil den ganzen Tag so verbringt, wie es will, und alles bestimmen kann, was es möchte. Einzige Voraussetzung: Der Erwachsene ist einverstanden! Wir haben die Erfahrung gemacht, dass die Kinder nach anfänglich hohen Forderungen schnell sehr kooperativ und konsensorientiert wurden. Heute steht das gemeinsame Erleben im Vordergrund, welche Strategie dazu führt, ist dabei weniger von Bedeutung.

Der Kindergartenalltag – so wie wir ihn kennen und schätzen – ist vor allem von Spiel, Spaß, Kreativität, Wissbegierde, Leichtigkeit, gegenseitiger Rücksichtnahme, Verständnis und Kooperation geprägt. Dabei leisten die pädagogischen Fachkräfte Enormes, um den vielfältigen Anforderungen gerecht zu werden. Dennoch kommt es, wenn Menschen eng zusammenleben, häufig zu einer Kollision unterschiedlicher oder divergierender Strategien. Das ist auch gut so: Wir sind alle Individuen und haben ganz unterschiedliche Ideen, wie wir unser Leben gestalten wollen. Letztendlich funktioniert unser Lernen und Wachsen gerade dadurch, dass wir bestehende und neue Strategien abwägen, ausprobieren und anhand des Erfüllungsgrads unserer Bedürfnisse bewerten.

Leider hindert uns die moralische Bewertung, die andere Strategie sei falsch, schlecht, unfair, gemein etc. manchmal daran, die Schönheit dahinter zu sehen. Wir beginnen einen Kampf darum, wer Recht hat und was besser ist. Wir fangen an zu denken, der andere habe etwas falsch gemacht, und wir benutzen alle uns zur Verfügung stehenden Mittel, um ihm dies zu verdeutlichen. Wenn es nicht anders geht, muss er es halt spüren, damit er es endlich einsieht …

Der Schlüssel zur Veränderung, den wir hier anbieten, ist zu entdecken, was hinter den Handlungen steckt. Anstatt zu denken: »Der hat was falsch gemacht!«, frage ich: »Was braucht er?« Statt: »Ich habe etwas falsch gemacht«, frage ich mich: »Was ist mir wichtig?« Mit der Klarheit über die dahinter liegenden Bedürfnisse erreichen wir ein tiefes Verständnis der Motivation und haben gleichzeitig die Möglichkeit, viele andere Strategien zu finden, von denen einige sicher zum Konsens unter den Beteiligten gereichen. Aufgrund ihrer natürlichen Neugier sind Kinder meist sehr motiviert herauszufinden, was beim anderen los ist.

Aufrichtigkeit, Empathie und Mediation

Der Bayerische Bildungs- und Erziehungsplan empfiehlt Mediation im Kindergarten als Verfahren, um Konfliktparteien dabei zu helfen, wieder miteinander zu kommunizieren und Lösungen zu finden, die beide zufriedenstellt: »Mediatorinnen und Mediatoren als unbeteiligte Dritte sind verantwortlich für Verfahren und Gesprächsführung, nicht für Inhalt und Lösung. Sie sollen nicht den Konflikt beurteilen, sondern seine Lösung moderieren. Grundhaltung und Gesprächstechnik dieses Verfahrens lässt sich mit Kindern ab drei Jahren gut umsetzen. Die pädagogische Fachkraft versucht gemeinsam mit den Kindern, ihre Konfliktsituation zu entschlüsseln und sie zu ordnen. Sie hilft ihnen, ihre Sichtweisen zur Sprache zu bringen, ihren Gefühlen Worte zu verleihen, ihre Interessen zu »übersetzen« – durch Fragen und fragend-klärendes Spiegeln, das die Antworten der Kinder mit eigenen Worten wiederholt. Es wird darüber geredet, welche Lösung die Kinder sehen und welche von allen akzeptiert werden kann.«[20]

Ziel der Einheit

Die Kinder lernen, aufrichtig auszudrücken, was sie bewegt und empathisch zu hören, was den anderen bewegt. Dies führt weg von Bewertungen und hin zum Verständnis des anderen.

Mediation mit oder unter Kindern

Mediation mit bzw. unter Kindern unterscheidet sich grundsätzlich nicht von dem Verfahren mit Erwachsenen. Allerdings gibt es einzelne Aspekte, auf die ich hinweisen möchte:

- Kinder sind selten gewohnt, Konflikte selbst lösen zu dürfen. Meist tun dies Eltern, Erzieherinnen und Lehrerinnen für sie, die auch bei der Lösungssuche schnell mit Rat und Tat zur Seite stehen. Meiner Erfahrung nach verfügen Kinder über genügend Kompetenzen, sich gegenseitig zu mediieren. Was es braucht, ist Übung, einen Rahmen, der dies zulässt, und Geduld und Vertrauen der Erwachsenen.
- Genau wie Erwachsene suchen Kinder in Konflikten schnell nach Schuldigen sowie »richtigem« und »falschem« Verhalten. Dies blockiert die Bereitschaft, den anderen verstehen zu wollen, erheblich. Hinzu kommt oft auch noch die Angst vor Strafe durch die Erwachsenen. Damit ist eine Mediation chancenlos. Bevor es losgeht, muss daher von den Erwachsenen Klarheit über Absicht und Konsequenzen

der Mediation geschaffen werden. Hilfreich ist, wenn der Mediator dem Verhalten und den Lösungsvorschlägen wertfrei begegnet, anstatt moralistisch zu be- und verurteilen.

- Die Sprachfertigkeit von Kindern ist noch nicht so ausgeprägt wie die Erwachsener und kann sich auch bei Gleichaltrigen erheblich unterscheiden. Wichtig ist also sicherzustellen, dass Gesagtes auch wirklich verstanden wird. Dies geschieht am ehesten, indem die Beobachtungen, Gefühle und Bedürfnisse des anderen wiederholt werden (»Kannst du bitte in deinen Worten noch mal sagen, was du verstanden hast« statt: »Hast du verstanden?«).
- Mediation unter Kindern geht häufig sehr schnell (wahrscheinlich weil ihr Ballast an schlechten Erfahrungen, Vorurteilen und Bewertungen noch recht klein ist). Ihre Lösungen erscheinen uns Erwachsenen oft banal und damit wenig tragfähig. Meine Erfahrung ist, dass sie dennoch fruchten – allerdings bedeutet die Klärung eines einzelnen Konfliktes nicht Ruhe für alle Zeiten. Vertrauen Sie ruhig auf die Kompetenzen der Kinder.

»Die Kinder sagen neuerdings: ›Ich möchte‹ und ›Warum machst du das so? Erklär mir mal…‹ Sie sind offen für das, was passiert, sie fühlen sich einfach wichtig und managen sich. Unser Ziel ist ja, dass die Gruppe eigentlich ohne uns Erwachsene läuft, darauf arbeiten wir hin und darin bestärken wir sie.«

SABINE, Erzieherin

Vorgehensweise

Die Kinder benutzen Giraffenohren und einen Erzählstab (oder eine Giraffenhandpuppe). Die Erzieherin erklärt anhand der vier Karten (Beobachtung, Gefühl, Bedürfnis, Bitte) den Mediationsprozess:

Nach einem Konflikt gehen die Konfliktpartner und ein drittes Kind oder die Erzieherin in die Giraffenecke. Ein Kind bekommt die Ohren, eins den Erzählstab. Wer zuerst da ist, hat die Wahl. Der Mediator fragt das Kind mit dem Erzählstab:

- »Was hast du gesehen/gehört?« (zeigt Karte Beobachtung)
- »Was fühlst du?« (Karte Gefühl)
- »Was brauchst du?« (Karte Bedürfnis)

Danach fasst der Mediator zusammen, was er verstanden hat, und bittet dann das Kind mit den Ohren um Wiederholung der Gefühle und Bedürfnisse. Nachdem dies befriedigend wiedergegeben wurde, werden die Rollen (Ohren und Erzählstab) getauscht und der Vorgang wiederholt. Wenn beide die Gefühle und Bedürfnisse des anderen wiedergegeben haben, kommt der nächste Schritt, die Lösungssuche:

- »Was sind eure Bitten/was habt ihr für Ideen?« (Karte Bitten)

Wurde ein Konsens gefunden, fragt der Mediator: »Was wollt ihr tun, wenn das nicht klappt?« und es wird gemeinsam nach Konsequenzen gesucht.

Ideen für zu Hause

Diese Mediationsform ist auch ein sehr hilfreiches Mittel für Familien. Gerade hier haben wir allerdings die Erfahrung gemacht, wie wichtig es ist, auf die »Allparteilichkeit« zu achten. Wenn sich eins der Kinder während des Prozesses an mich schmiegt, sich auf meinen Schoß setzt, gestreichelt wird usw., ist die Mediation schnell vorbei. »Du hilfst ja immer nur zu der!«, heißt es dann. Hilfreich ist es, in einem gleichschenkligen Dreieck zu sitzen und darauf zu achten, dass beide Parteien ähnlich lange Redezeiten haben. Und: Mediation basiert auf Freiwilligkeit. Der Satze »Ihr müsst euch jetzt einigen!« hilft wenig. Unterstützender ist es eher, erst einmal empathische Gespräche mit den Einzelnen zu führen oder auch zu warten, bis die erste Wut sich legt.

Unterstützung können wieder Bücher und Geschichten bieten, in denen die Kinder den Konflikt im Rollenspiel erleben. Wie wäre es z.B. mit dem Konflikt zwischen dem Maulwurf, der wissen wollte, wer ihm auf den Kopf gemacht hat, und Hans-Heinerich?[21]

Auch die *Familienkonferenz* nach Thomas Gordon ist ein hilfreiches Instrument, um tragfähige gemeinsame Lösungen für Situationen in der Familie zu finden. Sie lässt sich auf Basis der Gewaltfreien Kommunikation folgendermaßen darstellen:

1. Gemeinsame Auswahl des Themas
2. Klärung der Gefühle und Bedürfnisse des »Einbringers« und aller anderen
3. Sammeln von Strategien und Lösungen (Brainstorming)
4. Bewerten anhand der eigenen Bedürfnisse und Festlegen auf eine Lösung
5. Vereinbaren, wann überprüft wird, ob die Vereinbarung eingehalten wurde und wie verfahren wird, wenn nicht. (Meist deutet die Nicht-Einhaltung einer Vereinbarung darauf hin, dass Bedürfnisse wohl doch nicht erfüllt wurden. Dann ist es Zeit für eine neue Vereinbarung.)

Ziel: Wir wollen die Bedürfnisse aller hören und nach einem Konsens suchen – d.h. nach einer Strategie, die die Bedürfnisse aller Familienmitglieder erfüllt.

Tipps zur Durchführung

- Feste Zeiten vereinbaren, anfangs 20 bis 30 Minuten, je kleiner die Kinder sind, desto kürzer
- Liste aufhängen mit anfallenden Themen an einem Ort, der immer zugänglich ist (z.B. Kühlschrank) – jeder kann jederzeit etwas ergänzen
- Die Leitung kann abwechselnd vergeben werden – der Leiter hat die Aufgabe aufzupassen, dass nicht zu sehr vom Thema

abgewichen wird, außerdem muss er die Reihenfolge der zu besprechenden Punkte festlegen. Wir haben gute Erfahrungen gemacht, wenn derjenige, der am wenigsten betroffen ist, diese Aufgabe übernimmt
- Beschlüsse werden durch Konsensentscheidungen erzielt, in einem »Familienkonferenzbuch«protokolliert und durch Unterschrift von allen bestätigt

Mögliche Themen
Grundsätzlich bietet sich alles an, was nicht im Zweiergespräch geklärt werden kann und was mehrere bzw. alle Familienmitglieder betrifft:
- gemeinsame Aktivitäten
- Festlegen von Regeln
- Taschengeld
- Verteilung der häuslichen Aufgaben
- Wochenend- und Urlaubspläne
- Fernseh- und Computerbenutzung
- Essen/Mahlzeiten

Giraffensprache

Um den Kindern das Symbol der Giraffe näherzubringen und sie neugierig auf die Giraffensprache zu machen, folgen hier einige Infos und Übungen:

Die Giraffe hat das größte Herz aller Landtiere. Deshalb sagen wir, dass Menschen, die aufrichtig und herzlich sprechen, sich in der »Giraffensprache« ausdrücken. Es sind Menschen, die deutlich sagen, was sie fühlen und was sie von ihrem Gegenüber wollen und die sich dafür interessieren, wie es anderen geht.

Giraffen leben friedlich mit anderen Tieren zusammen, sie brauchen keine Gewalt, damit es ihnen gut geht. Wenn jedoch sie oder ihre Babys bedroht werden, sind sie sehr stark und können sich sogar gegen Löwen verteidigen.

Aber Menschen sprechen und hören nicht immer wie Giraffen. Manchmal haben sie Sorgen und wissen nicht, wie sie sie loswerden sollen. Wenn sie glauben, dass sie angegriffen werden, vergessen sie die Giraffensprache.

Wenn ich z.B. mit einem Spielzeug spielen will, das gerade jemand anderes hat, und der will es mir nicht geben, dann kann ich wie eine Giraffe reden:

»Ich bin neugierig und würde gerne mit diesem Spielzeug spielen, weil ich so was noch nie vorher gesehen habe. Möchtest du, dass wir zusammen damit spielen?« Oder ich kann sagen: »Los, gib her!«

Wann, glaubst du, würde der andere sich eher eingeladen fühlen, gemeinsam zu spielen? Und falls er es nicht möchte, wann hätte er das größere Vertrauen, dass er »Nein« sagen kann, ohne dass es Ärger und Kampf gibt?

Ihr sagt also dem anderen, wie ihr euch fühlt und was für euch wichtig ist und was der andere für euch tun kann. Das wollen wir jetzt mal üben!

Beispiele

Du spielst gerade alleine in der Puppenecke und jemand kommt zu dir und will mitspielen. Du willst das aber nicht. Was kannst du ihm sagen?

»Ich spiele gerade, dass ich die Mama und die Puppe mein Baby ist. Ich freu mich, weil ich gerade Ruhe habe. Kannst du bitte jemand anderes fragen, ob er mit dir spielt?«

Jemand kommt zu dir und sagt: »Wenn du mir das Auto nicht gibst, bist du nicht mehr mein Freund!« Was kannst du ihm sagen?

»Wenn du sagst, dass du dann nicht mehr mein Freund bist, klingt das für mich wie Erpressung. Ich bin sauer, weil ich mich frei entscheiden möchte. Ich will aber immer noch dein Freund sein. Wollen wir zusammen die Rennbahn aufbauen?«

Im Rollenspiel können verschiedene Situationen durchgespielt werden: Die Erzieherin sagt einen Satz und die Kinder dürfen alle ausprobieren, wie sie es »giraffisch« übersetzen würden.

Feiern

Wann immer es passt, treffen sich die Kinder im Sitzkreis und feiern, was seit dem letzten Mal passiert ist. Die Mamagiraffe fragt dann: »Was macht das denn so besonders für dich?« und übersetzt das Gesagte gegebenenfalls in Bedürfnisse, z.B.:

ERZ.: »Möchte jemand erzählen, was seit gestern Tolles passiert ist und was euch ganz fest Spaß gemacht hat?«
KIND: »Ich war gestern allein mit meinem Papa am Spielplatz.«
ERZ.: »Das war sicher total schön. Was war denn für dich das Besondere daran?«
KIND: »Dass wir da zusammen geschaukelt haben und ich ein Eis bekommen hab!«
ERZ.: »War das schön, weil du da mal deinen Papa ganz für dich hattest und auch mitentscheiden durftest, was ihr macht?«
KIND: »Ja!«
ERZ.: »Hey, das finde ich toll! Wer von den anderen möchte auch gerne gefragt werden, was er gerne machen würde?«

Am Ende nennt die Mamagiraffe alle erfüllten Bedürfnisse noch einmal.

Spiele

- Glücksstühlchen: Die Kinder stehen im Kreis, ein Kind (oder die Erzieherin) sitzt in der Mitte. Jeder sagt der Person im Zentrum, was er an ihr mag und was aus seiner Sicht so einzigartig an ihr ist (ein Kind pro Tag, aber Vorsicht, kann süchtig machen! ☺)

Projektelemente, Zeitrahmen und Ablauf

Das Projekt Giraffentraum zielt darauf ab, die Beziehungen zwischen Kindern, Eltern und Erzieherinnen langfristig und tiefgreifend auf einer Basis von gegenseitigem Verständnis, Achtung und Wertschätzung zu festigen. Den Erzieherinnen werden dazu alle nötigen Kompetenzen vermittelt, damit sie selbst ein Verständnis der Prozesse der Gewaltfreien Kommunikation erhalten und sie an die Kinder weitergeben können. Das Projekt sieht auch vor, die Eltern mit an Bord zu holen, um die Gemeinschaft im Kindergarten, aber auch die Beziehung innerhalb der Familie zu stärken.

Das Konzept beinhaltet folgende Elemente:

Das Projekt startet mit einem Einführungsseminar für Erzieherinnen, damit sich diese mit der Gewaltfreien Kommunikation vertraut machen können und damit sie entscheiden können, ob sie die Gewaltfreie Kommunikation im Allgemeinen und das Projekt Giraffentraum im Besonderen in ihrem Kindergarten einführen möchten.

Bei einem weiteren Treffen informieren wir das pädagogische Fachpersonal über die geplante Projektgestaltung und erarbeiten konkrete Umsetzungsschritte.

An einem Elternabend werden die Eltern über die Grundprinzipien und den Ablauf informiert. Ihnen wird ein Elternseminar in Gewaltfreier Kommunikation angeboten.

Der Zeitraum vom Auftauchen des Giraffenbabys bis zum Erscheinen der Giraffenmutter erstreckt sich über ein bis zwei Wochen (angepasst an die jeweiligen Gegebenheiten der Kindertagesstatte). Dabei arbeiten die Erzieherinnen eigenständig mit den Kindern. Eine Unterstützung durch die TrainerInnen ist zwar nach Absprache möglich, nicht aber nötig. Im Gegenteil: Wir empfehlen, die Arbeit mit den Kindern ohne Einfluss und Störung von außen vorzunehmen, da sonst eine künstliche Situation geschaffen würde, die dem Wunsch, die Gewaltfreie Kommunikation in das alltägliche Leben zu integrieren, entgegenstünde. Daneben kann bei Eltern, Kindern und Trägern eine zusätzliche Akzeptanzhürde entstehen, wenn »Fremde« mit den Kindern arbeiten. Insgesamt habe ich großes Vertrauen in die Kompetenz, das Engagement und die Kreativität der Erzieherinnen selbst, den Kindern all das nahezubringen, was ihr Leben bereichert, und mit ihnen gemeinsam die Giraffensprache zu lernen.

Die Vertiefungsphase hat keine zeitliche Begrenzung, da das Ziel darin besteht, die Giraffensprache zu lernen und in den täglichen Ablauf und den Umgang miteinander zu integrieren.

Während dieser Zeit bieten wir den Erzieherinnen eine regelmäßige Begleitung an, besprechen Fragen und Erfahrungen, unterstützen mit Rollenspielen zu kritischen Situationen oder geben Hilfestellung bei der Umsetzung.

Parallel zum Angebot für die Kitas bieten wir Elternseminare an. Sie stellen den ganzheitlichen Zusammenhang des Projektes her, indem sie helfen, die Eltern in den Prozess einzubinden und ihnen die Haltung der Gewaltfreien Kommunikation nahezubringen. Wir erhoffen uns damit eine Stärkung der Erziehungskompetenzen der Eltern und einen (selbst-)bewussteren Umgang mit den Kindern. Daneben wollen wir einen verbesserten und vertieften Austausch mit anderen Eltern und mit den Erzieherinnen erreichen und eine Erhöhung der Identifikation der Eltern mit dem Kindergarten.

WIE SEHEN ERZIEHERINNEN DEN PROZESS?

Im Zuge der Befragung für die empirische Untersuchung über den Giraffentraum von Anne Jaschke (vgl. Seite 15) sieht beispielsweise Kerstin eine klare Bereicherung für die persönliche Entwicklung der Erzieherinnen. Bei der Fortbildung hätten sie Anstöße bekommen, eigene Gefühle zu erkennen und diese auch auszudrücken. Dadurch, meint sie, »ist man nicht mehr so in diese Opferrolle gedrängt, fühlt sich auch nicht immer so benachteiligt, denn man kann sich ja artikulieren, man hat das Recht, dem anderen zu sagen, wie es einem geht. Viele Erzieherinnen haben dieses Helfersyndrom, sie nehmen sich selber nicht so wichtig, nehmen sich eher zurück und das ist völlig konträr zu diesem Bild: Ich sage, was ich möchte, ich sage, wie es mir geht, ich formuliere Bedürfnisse und ich formuliere Bitten. Und das ist für uns ein schwerer Prozess. (lacht) Und ich denk, wir lernen ihn.«

Und wie geht's weiter?

In einem der Projekt-Kindergärten erfolgt fast kontinuierlich eine Auffrischung und Weiterentwicklung des Giraffentraumthemas. Hier ist inzwischen noch eine Tante und ein ganz kleines Baby zu Frieda und ihrer Mama dazugekommen. In Kürze werden noch Giraffenzwillinge auftauchen. Außerdem ist ein Sommerfest geplant, bei dem die Kinder in konkreten Übungen und Aufgaben, ähnlich einer Spielstraße ihre Fähigkeiten in Gewaltfreier Kommunikation zeigen können.

Außerhalb des Projektes vom Giraffentraum gibt es unterschiedliche Möglichkeiten, an der Gewaltfreien Kommunikation »dranzubleiben«. Dies ist auch nötig, da wir erfahrungsgemäß schnell in unsere »normalen« Muster zurückfallen, wenn wir nicht bewusst unseren Fokus darauf lenken, was wir eigentlich wollen.

Eine Möglichkeit, diese Thematik zu vertiefen, sind Bücher, Audio- und Videoaufzeichnungen und andere Medien, in denen Marshall Rosenberg und andere zertifizierte Trainerinnen und Trainer des CNVC sich mit der Gewaltfreien Kommunikation und deren Anwendungen im täglichen Leben befassen.

Lebendiges Lernen geschieht z.B. in den Vorträgen, Seminaren und Workshops, die mittlerweile in vielen Städten angeboten werden. Trainerinnen und Trainer bieten Einführungskurse, Themen- und Vertiefungsseminare, Ausbildungen oder Jahrestrainings an. Zudem schließen sich immer mehr Menschen zusammen, um gemeinsam in Übungsgruppen zu lernen und sich auszutauschen.

Am Ende dieses Buches finden Sie Kontaktmöglichkeiten und Links, um Adressen zu erhalten. Und: Sie haben jederzeit die Möglichkeit, eine eigene Übungsgruppe zu starten!

Gewaltfreie Kommunikation und die Bildungspläne der Länder

Der Kindergarten ist für Kinder oft der erste Lebens- und Erfahrungsbereich außerhalb der Familie, in dem soziales Lernen vermittelt und erlebt wird. Hier erlernen sie einen Großteil ihrer sozialen und kommunikativen Fähigkeiten und entwickeln ein Bewusstsein für ihre eigenen Bedürfnisse und ihr Verhalten. Gleichzeitig bietet der Kindergarten einen geschützten Rahmen und ist Vorbereiter zum Übergang in die Institution Schule. Um diesem Anspruch gerecht zu werden, entwickelten die zuständigen Ministerien der Länder in Zusammenarbeit mit pädagogischen Einrichtungen Bildungs- und Orientierungspläne für Kindergärten und Kindertagesstätten.

Wenn es nach dem bayerischen Bildungs- und Erziehungsplan[22] geht, sollen die Kinder bereits frühzeitig in einer Weise gefördert werden, die sich an ihren vorhandenen Fähigkeiten und Stärken orientiert und auf eine weitere Stärkung abzielt, statt bei den Problemen des Kindes anzusetzen. Damit verbunden ist ein Menschenbild, das das Kind als aktiven Mitgestalter seines eigenen Lebens sieht. Dafür braucht das Kind Unterstützung und Begleitung auf dem Weg zur Entwicklung und Ausgestaltung seiner eigenen Kompetenzen.

Der Bayerische Bildungsplan unterscheidet dabei die wesentlichen Basiskompetenzen in:

- Personale Kompetenzen (Selbstwahrnehmung, motivationale, kognitive und physische Kompetenzen),
- Kompetenzen zum Handeln im sozialen Kontext (soziale Kompetenzen, Werte- und Orientierungskompetenz und die Fähigkeit und Bereitschaft zur Verantwortungsübernahme oder zur demokratischen Teilhabe),
- Lernmethodische Kompetenz (dabei vor allem wie man lernt) und den
- kompetenten Umgang mit Veränderungen und Belastungen (Resilienz).

In diesen Punkten zeigt sich die besondere Aufgabe der Kindertagesstätten. Sie sind kein Aufbewahrungsort für Kinder arbeitender Eltern und auch nicht nur da, um die Kinder mit Spielen und Basteln bei Laune zu halten oder sie so fit zu machen, dass sie das erste Schuljahr eigentlich überspringen könnten. Es geht vor allem darum, die Kinder bei ihrer Entwicklung zum sozialen Wesen zu begleiten und ihre Kraft und Selbstsicherheit zu aktivieren.

Die Gewaltfreie Kommunikation ist weniger eine Methodik als eine Haltung, mit der die zwischenmenschliche Beziehung gestärkt werden und mit der es uns gelingen kann, nachhaltig miteinander in Kontakt zu kommen. Im Bezug auf die Situation in Kindertagesstätten und die verschiedenen Bildungs- und Orientierungspläne lässt sich eine Vielzahl an Anforderungen finden, zu denen die Gewaltfreie Kommunikation hilfreiche Beiträge leisten kann:

- Kinder von klein auf in Entscheidungsprozesse einbinden, damit sie selbstwirksam sein können und Kontrolle über ihr eigenes Leben haben,
- ihnen realisierbare Verantwortlichkeiten übertragen, damit sie Vertrauen in die eigenen Fähigkeiten gewinnen und lernen, selbstbestimmt zu handeln,
- ihnen frühzeitig vermitteln, dass sie sich mit Problemen an ihre Eltern, Erzieherinnen oder an andere Personen aus ihrem Umfeld wenden können und bei ihnen Gehör finden, um dadurch Empathie, Akzeptanz und Unterstützung zu erfahren,
- ihnen Kompetenzen vermitteln, mit Konflikten umzugehen, und Alternativen zu Gewalt zu lernen,
- sie teilhaben lassen an den Werten, Träumen, Wünschen, Gefühlen und Bedürfnissen der Erwachsenen, um ihnen Orientierung und Sicherheit zu geben, sowie sie einzuladen, sich selbst in einem geschützten Rahmen zu öffnen,
- ihnen vorleben und sie lehren, wie Menschen miteinander in einer Weise kommunizieren können, die geeignet ist, die Beziehung zueinander zu stärken.

Konfliktlösung

Konflikte sind ein wichtiger Bestandteil des Umgangs miteinander. Das Erlernen einer Streitkultur, in denen die Beteiligten Wege kennenlernen, wie sie für ihre Bedürfnisse eintreten und Lösungen finden können, die möglichst allen gerecht werden, ist ein hohes Ziel. Der Rahmenplan für Bildung und Erziehung Bremen formuliert: »In Auseinandersetzungen und Konflikten erfahren Kinder, dass die eigene Sicht nicht die einzig gültige darstellt, dass andere anders fühlen und andere Vorstellungen haben. Aufgrund dieser Erfahrung können sie Einfühlungsvermögen und Kompromissbereitschaft [lieber: Konsensbereitschaft, Anm. d. Autors] entwickeln oder auch lernen, den eigenen Standpunkt durchzusetzen. Indem sie sich aufeinander abstimmen lernen, werden sie befähigt, Streit immer besser ohne Unterstützung der Fachkräfte zu regeln.«[23]

Die vier Schritte der Gewaltfreien Kommunikation und GfK-gestützte Mediation bieten für die Kinder einen sicheren Rahmen, um eigene Konfliktlösungen zu erproben. Befragte Erzieherinnen merkten an, dass gerade Kinder, die aus Elternhäusern kommen, in denen viel gestritten wird, sehr empfänglich für andere Möglichkeiten sind, um Konflikte zu lösen.

Einbindung in Entscheidungen

Gefragt zu werden ist eines der Bedürfnisse, das erfüllt sein will, um Verbindlichkeit und Zusammenarbeit zu erreichen. Betroffene zu Beteiligten machen heißt dabei die Devise. Jeder, der an einem Projekt teilnimmt, hat damit die Möglichkeit, mitzugestalten und seinen Bedürfnissen Ausdruck zu geben. Auch hier hilft GfK: Es ist erstens sinnvoll, von klaren Beobachtungen auszugehen, damit alle wissen, worum es eigentlich geht. Zweitens werden die Gefühle und Bedürfnisse möglichst vieler Beteiligten gehört, um zu verstehen, was sie wollen, und drittens werden Lösungen im Konsens gesucht, bei denen alle Beteiligten wissen, was sie tun können. Der Grad der Beteiligung und die Auswahl der Themen sind sicherlich abhängig von der Kompetenz und dem Alter der Kinder: »Beteiligung ist von klein auf möglich, d.h. mit Kindern jeden Alters und bei allen sie betreffenden Themen. Das Alter spielt für die Beteiligungsform eine Rolle, nicht hingegen für die Beteiligung als solche.«[24]

Kinder können an den meisten Entscheidungen, die den Einrichtungsalltag betreffen (z.B. Projekte, Ausflüge, Feste, Speiseplanung, Regelwerke), beteiligt werden. Wichtig erscheint mir hier vor allem die Ehrlichkeit darüber, ob die Entscheidungsprozesse tatsächlich ernst gemeint sind oder ob die Kinder nur über etwas abstimmen dürfen, was schon längst entschieden ist. Werden die Kinder beispielsweise gefragt, welche Gruppenregeln es geben soll, dann können die Erzieherinnen einen bestimmten Rahmen festlegen, innerhalb dessen Gruppenregeln definiert werden können (z.B.: Alle Kinder haben die gleichen Rechte und Pflichten, körperliche und verbale Gewalt ist tabu, etc.). Die genaue Ausarbeitung der Regel kann dann gemeinsam geschehen (z.B.: Höchstens vier Kinder dürfen gleichzeitig ins Bälle-Bad, Brotzeit kann zwischen 9:30 und 11:00 Uhr gegessen werden ...). Ziemlich frustrierend ist es allerdings, wenn die Kinder nach langen engagierten Debatten erfahren, dass das Ergebnis vorher schon feststand.

Motivation und Fähigkeit zu Kommunikation und Dialog

Die Sprachentwicklung der Kinder im Kindergartenalter ist bedeutsam für die weitere – nicht nur schulische – Zukunft. Dazu der Bayerische Bildungs- und Erziehungsplan: »Zur Sprachentwicklung gehören auch: Freude an Kommunikation, das Bedürfnis und die Fähigkeit, die eigenen Gefühle, Erlebnisse und Gedanken sprachlich mitzuteilen, das Interesse an den Äußerungen anderer, die Fähigkeit zuzuhören, die Freude am lebendigen Geben und Nehmen im Gespräch, am dialogorientierten Verhandeln.«[25] Die Kinder lernen Worte, Grammatik, Satzmelodien usw. und erfahren, welche Wirkung sie mit diesem neuen Medium erreichen können. Sie erleben: Es gibt bestimmte Reaktionen auf Worte, mit Sätzen kann man etwas bekommen oder mitteilen und vor allem erhöht Sprache die Wahrscheinlichkeit, verstanden zu werden, um das zu bekommen, was man braucht. Je öfter Kinder erfahren, dass sie verstanden werden, wenn sie erzählen und ihre Gefühle zeigen, desto größer ist ihre Motivation, sich sprachlich weiterzuentwickeln.

Wertschätzung von Leistungen statt Bewertung

Solange unsere Absicht hinter allem Loben, Belohnen und positivem Bewerten darin besteht, dass das Kind uns zuliebe ein bestimmtes Verhalten wiederholt oder lässt, nehmen wir dem Kind die Freude, etwas für sich selbst zu tun. Wir schaffen Abhängigkeiten statt Eigenverantwortung, wenn wir Bewertung statt Feedback und Belohnung statt Wertschätzung einsetzen. Der Sächsische Bildungsplan meint dazu: »Werke von Mädchen und Jungen […] sollten keiner flachen Bewertung ausgesetzt, sondern vielmehr zur Auseinandersetzung und Wertschätzung ausgestellt werden. […] Mädchen und Jungen sollten sich mit ihren eigenen Leistungen zufrieden fühlen. Ständige Bewertungen von außen bringen sie nur zum Nachdenken darüber, was andere über sie denken. Sternchen bzw. gut gemeinte, aber zu routinierte und unreflektierte Lobeshymnen nehmen dem Kind die

»HALLO GIRAFFEN-TEAM,

ich möchte mich bei Euch bedanken, ich war bei Euch in S. auf der Fortbildung. Nach Deiner Aufmunterung, Frank, habe ich mir Mut gefasst und noch am Mittwochabend zwei Stunden mit meinem Freund geredet. Seither versuchen wir uns besser auszutauschen und besser auf unsere Gefühle zu hören. Mit meinen Kollegen konnte ich zuerst nicht reden, aber immer alles runterschlucken geht nicht. Dank Euch ist mir wirklich etwas klar geworden und ich habe es auch schon im Team geschafft zu sagen, was mich bewegt, seitdem geht es mir besser.

Im Kindergarten ist das Umsetzen lustig, die Kinder schauen mich erst immer an und wissen nicht, was sie machen sollen, aber mittlerweile versuchen sie immer öfter, auch ohne Hilfe in Ruhe miteinander zu reden. […] Mir geht es seit der Fortbildung irgendwie besser. Es hat wieder ein neuer Teil vom Leben angefangen, es ist teilweise einfacher geworden.«

FEEDBACK EINER ERZIEHERIN

Arbeitsfreude aus sich heraus.«[26] Die Kinder fangen dann beispielsweise an, immer wieder die gleichen Bilder zu malen, weil sie einmal gehört haben, dieses Bild sei »drei Sternchen wert«. Gewaltfreie Kommunikation bedient sich nicht eines solchen Bewertungssystems. Wir sagen dem Kind nicht: »Das Bild ist schön!«, sondern wir fragen, was die Farben, die Formen, die Bildgestaltung für das Kind bedeuten, und erzählen im Gegenzug, wie es auf uns wirkt. Das Kind kann dann frei entscheiden, was es nun tut, und der Erwachsene wird nicht von dutzenden identischer Bilder überhäuft.

Anhang

Danke ...

... für all die Unterstützung und das gemeinsame Begehen spannender Wege, für die Bereitschaft zu lernen und das Gelernte zu teilen, für das Vertrauen und die Offenheit, die Lebendigkeit und den Spaß, das Feiern und Bedauern:

Kindergärten
Kiga Teschnerstraße, München
Kiga Peterchens Mondfahrt, Weßling
Kiga Spatzenwinkel, Karlsfeld
Kornelius-Kindergarten, Karlsfeld
Kath. Kiga St. Johannes, Dürmentingen
Gemeindekindergarten Hailtingen
Kath. Kindergarten Heudorf
Kath. Kindergarten St. Josef, Staig
Kath. Kindergarten Steinberg
Kindergarten der Stadt Stein
Kindertagesstätte Graslilienanger, München
Waldkiga Aubinger Lohe e.V., München
Kindergruppe Krems, A - Krems-Stein
Familienzentrum Zirndorf
Kiga Sparkling diamonds, München
Kindergarten St. Willibald, Neumarkt i. d. OPf.
Kinderhaus Heidelbeerstraße, Stuttgart
Kindergarten Kleiner Muck, Germering
Kiga Villa-Kunterbunt, Dinslaken
Kita Biberburg
Telos Kinderhaus Utting

Schulen
Clara Grunwald Montessori Schule, U-Schleißheim
Montessorischule Augsburg
Bugenhagenschule Hamburg
Franziska-Hager-Volksschule, Prien a. Chiemsee
Kleines privates Lehrinstitut Derksen, München
Pestalozzi-Realschule, München
Pater-Rupert-Maier-Schule, Pullach
Gymnasium Ottobrunn
Führichschule, München
Grundschule Oberasbach-Altenberg
Hauptschule Trostberg
EmiLe Montessorischule, München
Reinfelder Schule Berlin

Hochschulen
Fachhochschule Esslingen
Ludwig-Maximilians-Universität, München

Sonstige
Jugendamt Duisburg
Jugendamt Stuttgart
Schulpastorales Zentrum, Traunstein
Berufsbildungswerk Ravensburg
Bildungswerk Aachen
Evangelisches Bildungswerk, München
NEK - DV der elternverwalteten Kindergruppen NÖ
Fachhochschule Rummelsberg
Salzburger Verwaltungsakademie
AmBerCo - Ambulante Beratung & Coaching e.V.
Jugend und Familienstiftung des Landes Berlin

… und an all die Kindertagesstätten und pädagogischen Einrichtungen, die uns noch begleiten werden,

… an Barbara Friedlein und Sara Hartmann, die uns bei der Erstellung des Giraffentraums mit ihrer Kreativität und Fachlichkeit so sehr unterstützt haben,

… an Anne Jaschke, die mit ihrer Diplomarbeit dem Giraffentraum einen wissenschaftlichen Rahmen gegeben hat und damit zu unserem Lernen sehr beigetragen hat,

… an Lorna Ritchie, Simone Thalheim, Susanna Mader, Gudrun Haas, Jutta und Bodo Nibbe, Birgit Widmann v. Rebay, Heike Mayer, Bärbel Mohr, Friederike Kahlau-Karstädt, Katharina Ossko, Ingrid Holler, Isabell Peters und Wolfgang Wörner für all das Engagement und die Energie, das Projekt und dieses Buch weiterzubringen,

… an folgende zertifizierte TrainerInnen (CNVC), die uns auf ihre individuelle Weise auf den Weg gebracht, von denen wir gelernt und die uns begleitet haben: Nada Ignjatovic-Savic, Klaus Karstädt, Isolde Teschner, Godfrey Spencer, Dunia Hategekimana, Kirsten Kristensen, Karsten Schacht- Petersen, Nicole Leipert-Knaup, Gerhard Rothhaupt, Elana Sabajon, Jim und Jori Manske,

… an Marshall Rosenberg. Für den Glanz in seinen Augen, als er mir Fotos von Kindern aus aller Welt zeigte, in deren Familien Gewaltfreie Kommunikation gelebt wird.

Anmerkungen

1 Marshall B. Rosenberg: *Gewaltfreie Kommunikation: Eine Sprache des Lebens*. Junfermann Verlag, Paderborn 2001. Ab Seite 26 werden die Prinzipien der Gewaltfreien Kommunikation ausführlich beschrieben.

2 vgl. Marshall B. Rosenberg: *Kinder einfühlend ins Leben begleiten. Elternschaft im Licht der Gewaltfreien Kommunikation*. Junfermann Verlag, Paderborn 2005

3 © 2005 by Center of Nonviolent Communication, www.cnvc.org

4 Marshall Rosenberg nennt ein »Nein« einen sehr unglücklichen Versuch, »Ja« zu den eigenen Bedürfnissen zu sagen. Ihm ist wichtig, dass eine Bitte nur mit der Energie eines Geschenkes erfüllt wird und mit »der Freude eines kleinen Kindes, das eine Ente füttert«. Ist diese Freude nicht vorhanden, zieht er es vor, ein »Nein« zu hören.

5 Marshall B. Rosenberg: *Das Herz gesellschaftlicher Veränderung. Wie Sie Ihre Welt entscheidend umgestalten können*. Junfermann Verlag, Paderborn 2004, S. 56

6 Mit Dank an Klaus Karstädt, zertifizierter Trainer (CNVC), für dessen Anregung zur Visualisierung

7 Für alle, die an dieser Stelle aufschreien: »Das Kind muss aber die Jacke anziehen, weil es sonst krank wird!«, sei hier Folgendes vermerkt: »Verstehen« heißt nicht »einverstanden sein«. Die Tatsache, dass das Kind diese Jacke nicht anziehen will, ist nicht gleichbedeutend damit, dass das Kind ohne Jacke hinausgeht, sondern eher der Beginn eines auf Verständnis beruhenden Dialogs. Dieser kann beispielsweise zum Inhalt haben, dass das Kind nur eben diese spezielle Jacke nicht anziehen will, durchaus aber eine andere (z.B. weil sie wärmer ist).

8 Marshall Rosenberg nennt dies »protective use of force«. Die Absicht liegt darin, den anderen oder sich selbst zu schützen. Im Gegensatz dazu spricht er von strafender Gewalt (»punitive use of force«), wenn die Absicht darin liegt, den anderen mit Strafen zu zwingen, dass zu tun, was ich will.

9 Vielen Dank an Friederike Kahlau-Karstädt und Klaus Karstädt und die TeilnehmerInnen der Coachingausbildung für die gemeinsame erhellende Auseinandersetzung zum Thema »Disziplin«

10 Die Dauer einer Tätigkeit ist für Kinder im Kindergartenalter oft sehr schwierig einzuschätzen. Wir haben Marie und Elia daher Zeiten anhand der Länge von Fernsehsendungen erklärt: 5 Minuten = ein Sandmännchen, 20 Minuten = eine Heidi, eine Stunde = drei Heidis

11 Klarheit über die Inhalte ist uns wichtig: Dieses Projekt steht in unmittelbarem

und ausschließlichem Bezug zur Gewaltfreien Kommunikation. Wir möchten damit allerdings nicht sagen, dass andere Disziplinen nicht auch einen wertvollen Beitrag zur Konfliktlösung und dem menschlichen Miteinander leisten können.

[12] Wir haben »Mama« gewählt, da sie diejenige Bezugsperson ist, die in klassischen Familiensystemen am häufigsten mit Liebe, Nähe, Wärme und Geborgenheit assoziiert wird, und es Kindern deshalb häufig leicht fällt zu verstehen, dass das Giraffenbaby zu ihr möchte. Falls dies in irgendeiner Weise als problematisch gesehen wird (z.B. wegen Todesfällen, Scheidung …) bietet sich an, »Mama« durch »Papa«, »Freund«, »Freundin« etc. zu ersetzen oder auch beide Eltern kommen zu lassen.

[13] Unserer Erfahrung nach ist es hilfreich, jedes Kind einzubeziehen, indem wir Kinder in Gruppen mit »Du« statt mit dem allgemeinen »Ihr« ansprechen.

[14] Manche Kinder machen sich um das Wohlergehen der Giraffe Sorgen, wenn sie alleine im Kindergarten übernachtet. Sollte dies der Fall sein, kann eine Erzieherin oder auch eines der Kinder sie mit nach Hause nehmen.

[15] Bezugsmöglichkeit für Giraffen-Handpuppen und Giraffenohren: www.gewaltfrei.de

[16] Falls die Kindergruppe mit sieben Symbolkarten überfordert ist, einfach die Anzahl reduzieren und die restlichen Karten in der Vertiefungsphase einführen.

[17] Falls Sie eigene Ideen haben: Ihre Anregungen sind ein wertvolles Geschenk für alle, die mit Kindern arbeiten. Bitte teilen Sie sie mit uns, wir verteilen sie mit Ihrem Namen weiter (wenn Sie wollen). Einfach E-Mail an: fundus@giraffentraum.de – Danke!

[18] *Orientierungsplan für Bildung und Erziehung im Elementarbereich niedersächsischer Tageseinrichtungen für Kinder*, Niedersächsisches Kultusministerium, Presse- und Öffentlichkeitsarbeit, www.mk.niedersachsen.de, Seite 14

[19] *Bildungs- und Erziehungsempfehlungen für Kindertagesstätten in Rheinland-Pfalz*, Ministerium für Bildung, Frauen und Jugend, Referat »Kindertagesstätten«, Wallstraße 3, 55122 Mainz, Seite 29

[20] *Bayerischer Bildungs- und Erziehungsplan für Kinder in Tageseinrichtungen bis zur Einschulung des Bayerischen Staatsministerium für Arbeit und Sozialordnung, Familie und Frauen*, Beltz Verlag 2006, Seite 200

[21] *Vom kleinen Maulwurf, der wissen wollte, wer ihm auf den Kopf gemacht hat*, Peter Hammer Verlag

[22] *Bayerischer Bildungs- und Erziehungsplan für Kinder in Tageseinrichtungen bis zur Einschulung des Bayerischen Staatsministerium für Arbeit und Sozialordnung, Familie und Frauen*, Beltz Verlag 2006

[23] *Frühkindliche Bildung in Bremen: Rahmenplan für Bildung und Erziehung im Elementarbereich*, Freie Hansestadt Bremen, Der Senator für Arbeit, Frauen, Gesundheit, Jugend und Soziales, Seite 22

[24] *Bayerischer Bildungs- und Erziehungsplan*, Seite 402

[25] ebenda, Seite 208

[26] *Der Sächsische Bildungsplan: ein Leitfaden für pädagogische Fachkräfte in Kinderkrippen und Kindergärten*, Sächsisches Staatsministerium für Soziales, Verlag das netz, 2006, Seite 67

Weitere GfK-Projekte in Kindergärten und Schulen

Im Anschluss finden Sie Informationen über weitere Projekte auf Basis der Gewaltfreien Kommunikation im pädagogischen Umfeld, dargestellt von den Ausführenden selbst.

»Sonst gibt's was auf die Mütze«: Ein Projekt in Gewaltprävention mit Hilfe der Gewaltfreien Kommunikation am Kindergarten Leineberg, Göttingen

Dieses Projekt wurde von Januar bis Juli 2003 im Kindergarten Leineberg durchgeführt und dankenswerterweise als Innovationsprojekt im Rahmen der Impuls-Programme des Kinder- und Jugendplans des Landes Niedersachsen gefördert.

Die Beteiligten: 30 Kinder im Alter von 2 bis 6 Jahren, das Kindergartenteam des Kindergartens Leineberg, Fachberatung: Kirsten Rickmann, pädagogische Leitung Kinderhaus e.V.

Projektleiter: Dr. Gerhard Rothhaupt (www.visionenundwege.de) , Markus Sikor (www.institut-sikor.de), der Kinderhaus e.V. (www.kinderhaus-goettingen.de)

Bestandteile des Konzeptes: Intensive Schulung der Erzieherinnen, spielerische Übungen mit den Kindern, Praxisreflexion auf Basis der Gewaltfreien Kommunikation.

Freie Schule Stuttgart

Schulung des Rosenbergzirkels – einer Übungsgruppe von Eltern und LehrerInnen, die sich bereits seit mehr als einem Jahr aktiv mit Gewaltfreier Kommunikation beschäftigt. Dieser Zirkel entstand durch das Feuer, das ein Vortrag von Marshall Rosenberg in einem Elternteil geweckt hatte. Inhalte umfassen u.a. Wissensfragen zur gewaltfreien Erziehung in und außerhalb des Schulalltags, Themen der Eltern und Lehrer untereinander, Anwendung mit den eigenen Kindern oder SchülerInnen durch Übungen im Plenum oder in Kleingruppen.

Freie Waldorfschule Chiemgau

Initiiert wurde das Training durch eine aktive Mutter, die die Lehrer durch ihre Begeisterung ansteckte. Gemeinsam mit Dr. Gitta Zimmermann wurden die Grundlagen Gewaltfreier Kommunikation an die LehrerInnen der Schule vermittelt. Thematisiert wurden Fragen wie

- Wie kann ich Schulpflicht und -regeln vermitteln, wenn ich die Selbstbestimmung anderer berücksichtigen möchte?
- Wie können wir eine Wertegemeinschaft von LehrerInnen, Eltern und Schülern gestalten?
- Welche Alternativen gibt es zu den Konzepten von Schuld, Strafe und »Verdienen«?
- Wie kann ich mit der fast schon »üblichen« Gewalt unter Schülern umgehen und beschützende Macht einsetzen?
- Wie können Schüler und Schülerinnen motiviert werden, Verantwortung für sich zu übernehmen?
- Wie kann ich als LehrerIn für mich selbst sorgen, ohne die Schüler aus dem Blick zu verlieren?

Das Große Herz der Giraffe: Fortbildungen und Projekttage

Seit 2001 führe ich Fortbildungen und Praxistage zu Gewaltfreier Kommunikation für LehrerInnen, PädagogInnen und Eltern an Grund-, Haupt- und Realschulen und Gymnasien durch, beispielsweise an Schulen in Bremerhaven, Hannover, Luxemburg, Magdeburg etc. Zudem gestalte ich mit Schulen Projekttage und längerfristige Projekte zur GfK. Ein einjähriges Programm mit dem Namen »Das Große Herz der Giraffe« hat an einer Grundschule in Hannover stattgefunden. Die ca. 90-seitige Dokumentation und Foto-Darstellung kann bei mir bestellt werden.

GfK-Training in Tagesstätte und Kindergarten

In einer sonderpädagogischen Einrichtung in der Main-Rhön-Region nahmen über zwei Jahre hinweg bis zu 16 Mitarbeiter unterschiedlicher beruflicher Profession 14-tägig an einem GfK-Training teil. Großen Wert legten wir darauf, frühzeitig Beispiele aus der täglichen Arbeit und dem persönlichem Erfahrungsfeld zu thematisieren. Als ausgesprochen bereichernd wurde die GfK in Bezug auf die Elternarbeit erlebt. Neue Wege wurden mit einem initiierten Elterntraining gegangen: Ganz ohne GfK-Theorie konnte Eltern, die sonst kaum erreichbar waren, hilfreiche Unterstützung angeboten werden.

Wertschätzend miteinander im Raum Erlangen

Aus einem Teamentwicklungstag für das Kindergartenteam mit GfK ergab sich der Wunsch nach dem Kennenlernen der GfK für Eltern an einem Elternabend. Mittlerweile haben einige dieser Eltern Seminare bei mir besucht, andere mit ihrer Begeisterung für die GfK angesteckt und das Team hat nach Auskunft der Leiterin ein anderes Klima im Kindergarten erreicht. Seit Februar 2007 findet ein 16-wöchiges Training für Eltern im Kindergarten direkt statt, für das sogar zwei Sponsoren vor Ort gefunden wurden. Das gleiche 16-wöchige Training »Eltern unterstützen, eine starke Familie aufzubauen« läuft auch im zweiten Kindergarten vor Ort.

Pilotprojekt Gewaltfreie Kommunikation an der Pestalozzischule in Verden

Über eineinhalb Jahre haben Rolf Sengpiel und ich im Rahmen eines Pilotprojektes eine Schule (5. und 6. Klasse) bei Bremen in Gewaltfreier Kommunikation trainiert. Bei diesem Training wurde das gesamte Lehrerkollegium wie auch alle SchülerInnen in ihren Klassen einbezogen. Eine Dokumentation darüber ist bei mir erhältlich.

Die Reise ins Giraffenland: Projekt an der Volksschule Böheimkirchen in Niederösterreich

Es machen sieben Klassen mit, Dauer ca. ein halbes Jahr. Bausteine: für Lehrer Einführungstag, anschließend Vertiefungsnachmittage; für Schüler Impuls (zwei Unterrichtsstunden) in den Klassen durch Trainer. Erlernen der Giraffensprache und Umsetzung im Schulalltag durch die Pädagogen. Parallel dazu Coaching für die LehrerInnen und Konfliktlotsentraining für eine Schülergruppe. Für die Eltern: Vortrag bei der Elternvereinsvollversammlung. Geplant ist ein Elternseminar mit anschließendem Angebot einer Übungsgruppe. In den ersten Klassen und der Vorschulklasse wollen die Lehrerinnen für die Einführung den Giraffentraum verwenden.

Kinder mit Wurzeln und Flügeln: Projekt an der freien Grundschule Igelschule in Bockelnhagen (Thüringen)

Durchführung Gerhard Rothhaupt und das Team der Igelschule. Über mehrere Monate haben wir mit den PädagogInnen und Eltern an konkreten Beispielen aus der Schule die Grundlagen der GfK erarbeitet. Eine Projektwoche mit den Schulkindern und eine Freizeit ergänzten das Programm, ebenso wie Mediationen und Supervision. Seit dem Schuljahr 1996/97 gibt es eine regelmäßige Giraffenstunde.

Einführung der Gewaltfreien Kommunikation an der Reformschule in Dornbirn

Durchführung: Gerhard Rothhaupt und Kirsten Kristensen (DK)
Seit Sommer 2006 werden die Lernbegleiter der Reformschule in Dornbirn in Österreich in Gewaltfreier Kommunikation fortgebildet. Dabei werden mehrfach im Jahr Praxisseminare durchgeführt. Das Projekt ist auf mehrere Jahre angelegt.

Language of the Heart/Sprache des Herzens

Seit 2002 bin ich daran interessiert, die Vorteile, die ich durch die Gewaltfreie Kommunikation erfahren habe, weiterzugeben. Ich komme aus dem Montessori-Bereich und kann GfK in Kindergärten und in Schulen von Herzen empfehlen und zwar zum Wohle aller! In meiner Arbeit als Englisch- und Yoga-Lehrerin ist GfK für mich immer wieder eine bewusste heilende Haltung.
Ich biete seit einigen Jahren GfK-Einführungsvorträge und Vertiefungsworkshops für interessierte Eltern, Pädagogen und andere Gruppen in englischer und deutscher Sprache an.

Giraffenträumer suchen Partner

Das Projekt Giraffentraum® ist auf sehr nahrhaften Boden gefallen. Anfragen aus ganz Deutschland, Österreich und der Schweiz treffen bei uns ein und wir können diesen Bedarf allein nicht mehr decken. Wir suchen deshalb PartnerInnen, die als Multiplikatoren den Giraffentraum® in Kindergärten, Kitas, Grundschulen usw. tragen, und ErzieherInnen und PädagogInnen, die in den eigenen Einrichtungen das Projekt umsetzen wollen.

Hierzu bieten wir regelmäßig Ausbildungen an. Darin vermitteln wir:

- Vertiefte GfK-Kompetenzen in Ihrer Rolle als KursleiterIn, als ErzieherIn, als PädagogIn, Mutter, Vater im Umgang mit Kindern
- Einen Methodenschatz, um Seminare selbst zu gestalten und Inhalte zu vermitteln
- Vertiefte Kenntnisse und Hintergründe des Projektes Giraffentraum®

Wir wollen den TeilnehmerInnen Kompetenzen, Selbstvertrauen, Mut und Lust machen, selbst den Giraffentraum®, Einführungsseminare, Elternkurse oder andere GfK-Projekte durchzuführen.

Weitere Informationen finden Sie unter www.giraffentraum.de

Weiterführende Links

Dachverband deutsch sprechender Gruppen für Gewaltfreie Kommunikation e.V.	www.gewaltfrei-dach.eu
Gewaltfreie Kommunikation in Deutschland	www.gewaltfrei.de
Netzwerk Gewaltfreie Kommunikation München, e.V	www.gewaltfrei-muenchen.de
Gewaltfreie Kommunikation in Österreich	www.gewaltfrei-austria.org
Gewaltfreie Kommunikation in der Schweiz	www.nvc-europe.org/suisse
Gewaltfreie Kommunikation in Europa	www.nvc-europe.org
Center for Nonviolent Communication	www.cnvc.org

THE CENTER FOR NONVIOLENT COMMUNICATION ®

EIN GEBET FÜR KINDER

INA J. HUGHES

Wir beten für Kinder,
die Eis am Stiel vor dem Abendessen stibitzen,
die Löcher in Mathehefte bohren,
die Trotzanfälle im Lebensmittelgeschäft haben
und in ihrem Essen herumstochern,
die Geistergeschichten mögen,
die nie ihre Schuhe finden können.

Und wir beten um diejenigen,
die auf Fotografen von hinter dem Stacheldraht starren,
die nicht die Straße in ihren neuen Turnschuhen runterhüpfen können,
die an Orten geboren wurden, an denen wir nicht mal tot sein wollen,
die nie zum Zirkus gehen,
die in einer verstrahlten Welt leben.

Wir beten für Kinder,
die mit ihrem Hund schlafen und den Goldfisch begraben,
die uns klebrige Küsse und Hände voll Löwenzahn bringen,
die Besuche von der Zahn-Fee bekommen,
die uns eilig umarmen und ihr Mittagessen-Geld vergessen.

Und wir beten um diejenigen,
die nie Nachtisch bekommen,
die keine Kuscheldecke haben, die sie hinter sich her schleifen,
die ihre Eltern beobachten, die sie sterben sehen,
die kein Brot finden können, um es zu stehlen,
die keine Zimmer haben, um aufzuräumen,
deren Bilder auf keiner Anrichte stehen,
deren Ungeheuer echt sind.

Wir beten für Kinder,
die ihr ganzes Taschengeld vor dem Dienstag ausgeben,
die schmutzige Kleidung unter das Bett schieben und nie die Wanne ausspülen,
die nicht gern beim Abholen geküsst werden,
die sich in der Kirche oder dem Tempel winden und ins Telefon schreien,
über deren Tränen wir manchmal lachen
und deren Lächeln uns zum Weinen bringt.

Und wir beten um diejenigen,
deren Albträume am Tage kommen,
die alles essen, was sie kriegen,
die nie einen Zahnarzt gesehen haben,
die von niemandem verwöhnt werden,
die hungrig ins Bett gehen und sich selbst in den Schlaf weinen,
die leben und sich bewegen, aber kein Dasein haben.

Wir beten für Kinder,
die getragen werden wollen
und für diejenigen, die müssen,
für diejenigen, die wir nie aufgeben,
und für die, die keine zweite Chance bekommen,
für die, die wir erdrücken ...
und für diejenigen, die die Hand von irgendjemandem ergreifen,
der so freundlich ist, sie anzubieten.

Auszug eines längeren Textes der amerikanischen Lehrerin Ina J. Hughes, adaptiert von James Steyer. Es ist leider nicht gelungen, den Copyrightinhaber ausfindig zu machen. Für entsprechende Hinweise ist der Verlag dankbar.

Wer wir sind: Über die Autoren

Gundi Gaschler

Meine Leidenschaft besteht in Begegnung, von Mensch zu Mensch, von Herz zu Herz. Ich will immer mehr mutig sein und dir meine Welt zeigen. Gleichzeitig bin ich neugierig auf deine Welt, egal, wie sie aussieht. Ich traue mir zu, mit dir zu sein. Ich bin bunt, vielseitig, in Bewegung und gespannt, was das Leben mir noch so schenkt. Die kostbarsten Geschenke bisher sind Frank und unsere beiden Töchter. Wir leben und lernen miteinander. Hinzu kommen viele Menschen, die mir auf meiner GfK-Reise begegnet sind und einen besonderen Platz in meinem Herzen haben. All die Schätze, die mir zugekommen sind, wollen raus in die Welt. Wege hierfür: Training, Beratung, Mediation, Coaching. Meine Titel: Zertifizierte Trainerin für Gewaltfreie Kommunikation (CNVC), systemische Kinder- und Jugendtherapeutin, Diplom-Psychologin.
Vor allem bin ich: Mensch.

Frank Gaschler

Meine Passion sind Kinder und Familien. Mein Bedürfnis ist es, zu wirken und zu deren Leben beizutragen. Meine Sehnsucht besteht darin, dass Kinder Kinder sein dürfen und Eltern Wegbegleiter sind und auch Männer und Frauen mit eigenen Bedürfnissen bleiben. Mein Wunsch ist es, dass Eltern Kindern Wurzeln und Flügel auf ihren Weg mitgeben. Mein Beitrag dazu sind Trainings, Beratungen, Mediationen, Coaching, Bücher. Meine Titel: Zertifizierter Trainer für Gewaltfreie Kommunikation (CNVC), Assessor für die Trainerzertifizierung (CNVC), systemischer Mediator in Unternehmen und Organisationen, Coach, Diplom-Sozialpädagoge (FH).
… Mensch bin ich auch.

Gewaltfreie Kommunikation in der Familie heißt für uns: sich täglich den Herausforderungen des Lebens stellen, Entscheidungen treffen, die das Leben bereichern, für Leichtigkeit arbeiten, staunend und in Demut das Leben bewundern, säen, miteinander wachsen, im Hier und Jetzt ernten, bedauern, wenn's mal wieder nicht geklappt hat, und feiern, was unsere Verbindung nährt.

Unser Angebot

Mediation und Coaching im Arbeitsumfeld
Kommunikations- und Konflikttraining für Führungskräfte und Teams
Beziehungsarbeit und Seminare für Partnerschaft, Ehe und Familie
Vorträge und Seminare in Gewaltfreier Kommunikation
Begleitung von Giraffentraum-Projekten in Kitas und Schulen
Lehrtätigkeit an Hochschulen und Ausbildungsschulen
Train the Trainer-Angebote

Unsere Zielgruppen

Paare +++ Eltern +++ ErzieherInnen +++ LehrerInnen
Führungskräfte +++ Angestellte +++ ArbeiterInnen
Frauen +++ Männer +++ Freunde +++ Menschen

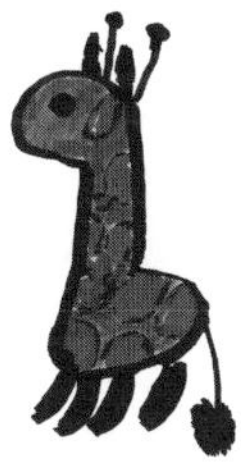

Namaste

»Ich ehre den Platz in dir, in dem das gesamte Universum residiert. Ich ehre den Platz des Lichts, der Liebe, der Wahrheit, des Friedens und der Weisheit in dir. Ich ehre den Platz in dir, wo, wenn du dort bist und auch ich dort bin, wir beide nur noch eins sind.«

Altindischer Gruß

info@giraffentraum.de
www.giraffentraum.de

info@freiekommunikation.de
www.freiekommunikation.de

Freie Kommunikation